LE
SOCIALISME MODERNE

PAR

MAURICE BLOCK

Membre de l'Institut

PARIS

LIBRAIRIE HACHETTE ET Cⁱᵉ

79, BOULEVARD SAINT-GERMAIN, 79

—

1891

LE
SOCIALISME MODERNE

PRINCIPAUX OUVRAGES DE L'AUTEUR

STATISTIQUE DE LA FRANCE, couronné par l'Institut, 2ª édition.
2 vol.

TRAITÉ THÉORIQUE ET PRATIQUE DE STATISTIQUE, 2ᵉ édition. 1 vol.

L'EUROPE POLITIQUE ET SOCIALE. 1 vol.

PROGRÈS DE LA SCIENCE ÉCONOMIQUE DEPUIS AD. SMITH. 2 vol.

PETIT MANUEL D'ÉCONOMIE PRATIQUE. Prix Montyon. Traduit en
douze langues.

ENTRETIENS FAMILIERS SUR L'ADMINISTRATION DE NOTRE PAYS. 12 petits
vol.

DICTIONNAIRE DE L'ADMINISTRATION FRANÇAISE. 3ᶜ édition.

LES COMMUNES ET LA LIBERTÉ.

DICTIONNAIRE GÉNÉRAL DE LA POLITIQUE. 2ᶜ édition.

L'ESPAGNE EN 1850. (Épuisé.)

DES CHARGES DE L'AGRICULTURE DANS LES DIVERS PAYS DE L'EUROPE,
couronné. (Épuisé.)

ANNUAIRE DE L'ÉCONOMIE POLITIQUE ET DE LA STATISTIQUE. 1 vol. par
an depuis 1856.

LES SUITES D'UNE GRÈVE. 1 vol.

Coulommiers. — Imp. PAUL BRODARD.

LE
SOCIALISME MODERNE

PAR

Maurice BLOCK

Membre de l'Institut

PARIS

LIBRAIRIE HACHETTE ET Cⁱᵉ

79, BOULEVARD SAINT-GERMAIN, 79

—

1891

PRÉFACE

Un ami avec lequel j'ai souvent causé des tendances, des aspirations et du mouvement des esprits qu'on a pris l'habitude de comprendre sous le nom de *Socialisme*, m'a fortement engagé à résumer nos conversations et à en publier le contenu sous une forme concise. Il soutenait que je rendrais ainsi service à un grand nombre de personnes qui ont, sur le socialisme, les idées les plus fausses. Je me rends à ses arguments et voici ce résumé.

M. B.

LE
SOCIALISME MODERNE

CHAPITRE I

INTRODUCTION

Le mot *socialisme* a été inventé, il y a cinquante ou soixante ans, par Pierre Leroux, et peu après vulgarisé par Louis Reybaud. Le sens du mot a légèrement varié : primitivement il désignait les doctrines de ceux qui voulaient réformer la société par des moyens doux; plus tard le socialisme est devenu, pour les uns, le communisme pur et simple, pour les autres une combinaison, dite collectivisme, dans laquelle l'État, ou la société, s'empare de toutes les propriétés et de tous les moyens de production, supprime la monnaie et enrôle les citoyens en ateliers sociaux, chacun recevant des aliments et des vêtements proportionnellement à son travail [1]. Le socialisme moderne ne reculerait pas devant une révolution, ses adeptes déclarent attendre seulement qu'ils soient devenus les plus forts pour la mettre en œuvre.

C'est depuis quelques dizaines d'années que le socialisme est devenu important, influent, plus d'un ajouterait : malfaisant; mais il en a toujours existé un peu dans la société humaine, sans trop se faire remarquer, il est vrai. C'est qu'on a connu de tout temps deux sortes de gens : les uns trouvaient le monde mal bâti, et l'auraient volontiers reconstruit, rien que dans l'intérêt de l'art; les autres étaient seulement mécontents de leur sort; ils soutenaient qu'on ne leur rendait pas justice, qu'ils n'avaient pas leur part des biens de la terre,

1. On voit qu'il n'y a pas deux socialismes, un bon et un mauvais, il n'y en a qu'*un*, celui qui, en supprimant la propriété, annule l'individu.

qu'ils avaient droit à toutes les jouissances autant que leurs voisins plus riches, et ces gens-là avaient les uns et les autres une certaine aptitude à devenir socialistes. C'est surtout parmi leurs successeurs que se recrutent les adhérents des nouvelles ..octrines.

Ceux qui se flattent de savoir réédifier le monde sur un meilleur plan sont encore assez faciles à convaincre de leur erreur. Le bon La Fontaine nous a raconté ce qui arriva à un villageois qui aurait voulu remplacer, sur le majestueux chêne, le chétif gland par la grosse citrouille; n'est-il pas logique que le grand arbre ait un gros fruit? Le père Garo, c'est le nom du villageois, changea d'avis le jour qu'un gland lui tomba sur le nez, .. il comprit que si le chêne avait porté des citrouilles, sa figure en aurait été bien autrement abîmée!

L'homme mécontent de son sort est plus difficile à convaincre. D'abord il existe des souffrances qui sont trop réelles, et qui sont très loin d'être toujours méritées. Fussent-elles méritées, que souvent la victime ne le saurait pas, n'ayant pas conscience de ses défauts; en tout cas, elle voudrait rarement l'admettre. Vous savez que si l'on voit toujours la paille dans l'œil de son voisin, on distingue rarement la poutre qu'on porte dans son propre œil.

Quoi qu'il en soit, il est certain qu'on rencontre des malheureux et qu'il se commet des injustices; ce qui est certain aussi, c'est qu'il est des gens qui ne peuvent pas voir souffrir leur semblable, leur prochain, sans songer à des réformes. La plupart des hommes sont d'ailleurs poussés par leur nature, par leur caractère, à améliorer leur position. Ils comptent y arriver par leurs propres efforts. La recherche du progrès est donc très répandue, elle a existé dans tous les temps, et il y a eu de ces chercheurs dans tous les pays. Mais les hommes n'avancent que lentement, pas à pas, détail par détail; il a fallu des siècles pour civiliser une partie de l'humanité, et il est resté encore beaucoup à faire, pour arriver à quoi? — Les uns disent : pour que l'homme soit parfait; les autres : pour que la société soit parfaite. Voilà un dissentiment d'une portée immense.

Qui a raison? Est-ce l'homme ou la société qu'il faut s'appliquer à améliorer! En attendant votre réponse, constatons que l'homme est la matière première de la société, qu'avec du bois on ne fait pas un mur de pierre, ni avec des moellons un navire de bois. Vous en conclurez peut-être que c'est l'homme qu'il faudrait perfectionner. D'autres ont pensé qu'on aurait plus vite fait de transformer la société d'un seul coup; mais on ne l'a pas trouvé possible. Ce n'était pas pratique. Certains hommes de beaucoup d'imagination, faute de pouvoir établir une société réelle dans laquelle tout le monde serait heureux, se sont bornés à rêver une pareille société. C'était bien plus commode. Dans la réalité on rencontre des obstacles, il y a la nature des choses, 2 et 2 y font toujours 4 et jamais 5, puis les hommes ont des passions adverses, des vices; dans le rêve qu'on fait les yeux ouverts il n'y a que ce qu'on veut bien y mettre. Oh, si l'on pouvait toujours rêver! Mais il y a le réveil, il nous montre la réalité.

Comme toutes les sociétés connues, depuis l'antiquité jusqu'à nos jours, ont laissé à désirer, et qu'il y a toujours des hommes à imagination, on a inventé nombre de tableaux sociaux. Les plus anciens de ces tableaux d'une société prétendue parfaite qui soient parvenus jusqu'à nous datent de 23 siècles, et il y en a probablement de perdus; celui auquel je fais plus particulièrement allusion en ce moment porte le nom illustre de Platon. D'autres écrivains, tant en Europe qu'en Asie, l'ont imité, mais n'ont fait que partager son fiasco! L'insuccès est complet, il est écrasant. Jugez-en. Le doux philosophe Platon qui a été élève de Socrate, « le plus vertueux des hommes », et le maître d'Aristote, « le savant des savants », Platon, si bien doué sous tous les rapports, propose la communauté des biens et des femmes, constitue les artisans et les cultivateurs en classes inférieures, permet la destruction des enfants venus au monde avec un défaut, limite le nombre des citoyens, en un mot a des vues que nous devons qualifier de monstrueuses.

Ses successeurs, et jusqu'à nos jours, n'ont pas été plus heureux; personne n'a su inventer une société meilleure que celle qui existait, ou qui fût réalisable. La plus célèbre de ces inventions date de l'an 1515 de notre ère, elle est due à Thomas Morus, le chancelier du fameux roi Henri VIII d'Angleterre, et décrit la société imaginaire de l'île d'Utopia, terme tiré du grec et qui veut dire : « Nulle part ». Ce travail, écrit primitivement en latin, est devenu célèbre, et a été traduit en toutes les langues de l'Europe. C'est depuis cette époque qu'on donne le nom d'*utopie* à toute organisation sociale imaginaire, d'une réalisation impossible, et d'ailleurs nullement désirable.

Il sera utile d'analyser brièvement le livre de Thomas Morus.

CHAPITRE II

L'ÎLE D'UTOPIE

L'île d'Utopie forme un État assez petit;
il est composé de 54 villes de 6 000 familles
chacune, sans villages, car les habitants des
villes cultivent eux-mêmes leur banlieue,
faisant alterner ce travail avec d'autres travaux manuels. La culture du sol est une
sorte de corvée, à laquelle chaque famille
fournit son contingent, mais cette corvée
(travail nécessaire et imposé) n'est pas
désagréable à tout le monde, il y a des amateurs et ceux-là sont admis dans les rangs
plusieurs années de suite. Chaque homme
et chaque femme doit en outre apprendre
un métier et l'exercer.

Les « familles » ne se composent pas seu_
lement du père, de la mère et de leurs
enfants, mais d'un certain nombre de cou-
ples de la même parenté avec leur progéni-
ture, placés sous la surveillance d'un « père
de famille » et d'une « mère de famille »
responsables du bon ordre et surtout des
mœurs. C'est qu'en Utopie on ne plaisante
pas du tout sur ce point. Il est entendu que
cette « famille » complexe ne doit pas devenir
trop nombreuse; quand les enfants se multiplient au delà de la mesure on en envoie
un certain nombre dans d'autres villes, les
plaçant chez des « familles » moins nom-
breuses, ou aussi on les transporte dans les
colonies lointaines.

Trente familles forment une réunion, on
pourrait dire un ménage. Chaque ménage
a son économe qui va chercher les aliments au marché (on devrait dire au magasin), où ils ne coûtent rien, et, rentré,
fait préparer le repas commun. Les repas,
dîner et souper, ont lieu à heure fixe; on est
appelé au son de la trompette. Il n'est pas

défendu d'emporter des aliments dans son logement particulier, mais personne ne le fait volontiers, car pourquoi se donnerait-on la peine de se préparer un mauvais repas chez soi, quand on peut en avoir un bon dans la salle commune? D'ailleurs on y est servi; des esclaves sont chargés de tous les travaux vils ou fatigants. Les citoyens et citoyennes, chaque famille à tour de rôle pour toute la réunion, se bornent à surveiller, à organiser, à ordonner, et naturellement à consommer.

Bien que les mœurs soient surveillées, les formalités qui précèdent le mariage, ainsi que l'âge des époux et le reste, sont réglés avec soin. Avant les fiançailles, les futurs doivent se montrer l'un à l'autre, sans vêtements et en présence d'une matrone et d'un vieillard. Le divorce est admis, mais non l'adultère; les coupables sont condamnés à l'esclavage et, en cas de récidive, à la mort.

Le travail est réglé par la loi. Tout le monde doit le travail manuel, sauf un certain nombre de savants, qui sont désignés au scrutin secret. Le choix doit être difficile, tout le monde étant bien doué dans l'heureuse Utopie. L'enseignement commence dès l'enfance et l'instruction est très recherchée : elle fait les délices de tous et de chacun. Le travail manuel ne dure que six heures par jour et le plus désagréable est fait par des esclaves, par des malfaiteurs condamnés, ou par des étrangers rétribués. Tous les jours, à huit heures du soir, après le souper, les citoyens vont se coucher.

La propriété privée est inconnue en Utopie, chacun travaille pour la communauté. Les produits des champs, comme ceux de l'industrie, sont livrés dans de grands magasins, où chaque famille se fournit de ce qu'elle juge avoir besoin. On leur délivre les objets sur demande, car personne n'est présumé demander des choses inutiles, tous les hommes étant raisonnables et soigneux. Ce qui manque à une ville, lui est fourni par les autres, et gratis; les choses superflues, s'il y en a, sont vendues à l'étranger. Dans l'intérieur de l'État on n'a pas d'emploi pour les monnaies, et pour que les citoyens ne soient pas portés à thésauriser ou accumuler des métaux précieux, les vases de nuit, les chaînes des criminels, et les autres objets vils ou méprisables sont fabriqués en or ou en argent, et l'on consacre le fer aux ornements de luxe ou d'honneur.

L'organisation politique et administrative de ce petit pays est très simple, les fonctionnaires et magistrats sont élus pour un an. Tout le monde est électeur, mais non éligible, car les vieillards sont préférés, comme joignant l'expérience au savoir. Il n'est pas non plus permis de discuter les intérêts généraux ailleurs que dans les réunions destinées à cet usage.

J'ai dû me borner dans cette analyse succincte à citer les points les plus saillants, et en relisant l'œuvre du chancelier de Henri VIII, je suis aussi étonné qu'à la première lecture que j'en ai faite, il y a des années, du succès qu'elle a eu. D'abord, les citoyens sont constamment surveillés, ils sont réglés en toutes choses, le mot *liberté* ne doit pas exister dans la langue d'Utopie. Et que leur vie est monotone! Avec la suppression de la propriété individuelle, on n'évite d'ailleurs nullement les crimes et les délits, les punitions sont même très sévères, et si la chaîne du malfaiteur est en or au lieu d'être en fer, elle n'en est que plus lourde.

Est-ce donc bien une société modèle, celle qui pratique l'esclavage? La guerre non plus n'y est pas inconnue, mais n'éveille pas le patriotisme, ne suscite pas le dévouement, ne produit pas la gloire, on se borne à employer des mercenaires et c'est pour les rétribuer que l'État ramasse des fonds. Quant à l'organisation du travail, de la vie domestique et du reste, il ne semble pas nécessaire de les discuter; elles ne tiennent compte, ni de la nature des hommes, ni de la nature des choses et l'on n'en peut tirer aucun enseignement pour la vie pratique.

Thomas Morus, ou plutôt sir Thomas More, a eu, comme Platon, beaucoup d'imitateurs [1], mais aucun d'eux n'a eu un succès comparable à celui de l'auteur de l'Utopie. Il n'y a aucun intérêt à en donner la liste, leurs inventions n'ont d'ailleurs pas été très variées, elles n'ont jamais été prises au sérieux, ne le méritant guère. Le plus souvent, les auteurs n'avaient pas d'autre prétention que d'amuser le lecteur, tout au plus voulaient-ils lui donner des conseils, comme le fabuliste, sous la forme d'une fiction. Ce n'est que dans le courant du présent siècle que l'utopie s'est transformée en socialisme.

1. On a sans doute imité parfois l'un et l'autre à la fois. Il n'y a d'ailleurs le plus souvent qu'à prendre le contre-pied de ce qui existe dans la réalité pour avoir l'air d'inventer du nouveau.

CHAPITRE III

LE SOCIALISME

Ce sont les utopistes du XIXe siècle qui
ont plus particulièrement songé à réaliser
leurs fictions. L'idée leur en est venue peu
à peu, en partie sous l'influence de la révolution de 89 ; il faudrait écrire un gros livre
si l'on voulait entrer dans des détails sur
ce mouvement, livre qui, d'ailleurs, manquerait assez souvent d'intérêt. Ce qui a
permis aux premiers « réformateurs » de
parler d'application, c'est qu'ils ne sup-
primaient pas la propriété, comme la plupart des utopistes, et qu'ils ne recomman-
daient pas expressément le communisme.

Les propositions de Saint-Simon (Claude-Henri, comte de) [1] étaient bien vagues. Fourier imagina une sorte de monastère à règle nullement sévère, où le travail serait rendu attrayant, chacun changeant — journellement — très fréquemment d'occupation. L'Anglais Owen espérait rendre l'humanité heureuse en transformant le caractère des hommes, en les rendant vertueux et en fondant des Sociétés coopératives. Il avait eu du succès en Angleterre comme fabricant, mais lorsqu'il essaya d'appliquer ses idées en Amérique, où il avait acquis le terrain d'une colonie (New Harmony), il échoua. Louis Blanc aussi voulait fonder des associations ouvrières, mais avec des subventions de l'État. C'est parce que tous ces prétendus réformateurs, et d'autres que je suis obligé, faute d'espace, de passer sous silence, parlaient de sociétés ou d'associations que Pierre Leroux, qui avait des tendances humanitaires mystiques, inventa le

1. Ne pas confondre avec le duc de Saint-Simon.

mot *socialiste*. Il a même publié une éphémère *Revue sociale*.

Les idées socialistes se répandirent d'abord assez lentement, et plutôt dans la bourgeoisie que parmi les ouvriers. Il en fut encore de même pendant quelque temps après que Proudhon eut lancé la fameuse brochure intitulée : « La propriété, c'est le vol ! » dont il sera encore question dans un autre chapitre (chap. xv). Cette brochure, qui présentait de hardis et même d'audacieux paradoxes en un style remarquable, fit beaucoup de bruit en son temps et attira l'attention sur Proudhon qui était certainement un homme bien doué par la nature, qui lui avait donné aussi de bonnes intentions; mais il était insuffisamment instruit, il apprenait au fur et à mesure et utilisait le savoir fraîchement acquis avant de l'avoir digéré, ce qui explique ses variations, c'est-à-dire ses changements d'opinion. On accuse aussi Proudhon, avec raison, je crois, d'avoir aimé à étonner le lecteur, au besoin à le scandaliser. C'est ce qui a rendu assez éphémère son influence, qui a été pendant un moment très grande. Il a remué beaucoup d'idées, mais elles ont été plus souvent mauvaises que bon·es, ses successeurs les plus fameux en ont profité, généralement ils le nient, mais le fait est évident pour celui qui a lu les œuvres de l'un.... et celles des autres.

De nos jours, tous les progrès réalisés dans un pays, mais aussi toutes les erreurs qu'on y enfante, se répandent rapidement chez toutes les nations civilisées. L'Allemagne a eu d'abord quelques utopistes-socialistes très peu influents. Rodbertus, qui publia ses vues en 1842 (et même avant 1840, dit-on), ne commença à être remarqué que beaucoup plus tard, lorsque Lassalle et Karl Marx eurent réussi à faire pénétrer leurs doctrines dans les masses ouvrières. Ces deux hommes savants et pleins de talent se mirent, chacun de son côté, à faire cette sorte de propagande qu'on appelle, à l'exemple des Anglais, de l'*agitation*. Ils publièrent des pamphlets, parlèrent dans des réunions publiques, fondèrent des sociétés de propagande, comme l'Internationale, mais surtout critiquèrent amèrement et avec une grande exagération l'organisation sociale actuelle, qui a naturellement ses défauts, comme tout ce qui émane de l'homme. Ils s'adressèrent, non seulement à ceux qui souffrent réellement, mais aussi aux mécontents, excitant les passions, fomentant les haines, le tout d'abord dans de bonnes intentions. Plusieurs des hommes que ces chefs ont groupés autour d'eux étaient évidemment des gens de bonne foi, mais avec le nombre des adhérents s'est accrue l'ambition (qui est *au moins* en germe chez ceux qui parlent en public), et bientôt l'on a moins songé à améliorer le sort du grand nombre qu'à former un parti politique. Etre à la tête d'un parti, quelle gloire et quel profit !

Afin de mieux parvenir à créer ce parti politique, les chefs du socialisme, les grands et les petits chefs, firent leur possible pour ériger les ouvriers en classe sociale à part (le 4° ordre, le 4° état), ayant des intérêts propres, différents de ceux des autres classes de la société, même des autres citoyens. Très souvent on a pu voir mettre l'intérêt de la classe au-dessus de celui de la patrie. C'est pour la glorification de la classe et pour la défense de ses intérêts particuliers, restreints, qu'a été fondée la société dite l'*Internationale*. Périsse notre industrie, si elle ne nous donne pas les jouissances que nous lui demandons! semble-t-elle dire. Et quand elle aura péri, en aurez-vous davantage? En parquant les masses dans ces idées d'étroit égoïsme, les chefs espèrent s'en faire une armée, si ce n'est de la « chair à canon », du moins une armée de votants, un marchepied pour leur ambition.

Le procédé employé pour la lutte consiste à critiquer toute chose à outrance, en ne montrant que le mauvais côté des choses, en exagérant le mal jusqu'à la caricature, tout en se taisant sur le bien. Le truc consiste à traiter les souffrances exceptionnelles comme des faits de tous les jours. Ne sait-on pas, d'ailleurs, depuis l'antiquité, que *la critique est aisée?* Dans la vie, très souvent le bien et le mal sont mêlés, il s'agit seulement de savoir lequel des deux l'emporte. Aussi la critique ne suffit-elle pas, à elle seule, pour faire condamner une organisation ou une institution quelconque, il faut encore être en état de la remplacer par une chose meilleure. C'est au public à comparer le nouveau avec l'ancien et à faire son choix.

Relativement aux réformes, certains socialistes se bornent à dire : quand nous serons les maîtres, nous ferons nos propositions; d'autres, plus accommodants, disent : ce que nous voulons mettre à place? Le voici. Et quand nous nous empressons de regarder ce qu'on nous offre, nous voyons le dessin au crayon d'un château et c'est ce château fictif, ce château en Espagne qu'on nous engage à accepter contre la maison peu élégante, mais bien réelle, qui nous sert d'abri! Est-ce bien la représentation d'un château qu'on nous montre? Cela ressemble tant à une caserne! Ainsi donc, on ne nous offre rien de bien sérieux, de bien réel, rien d'applicable; nous le verrons de mieux en mieux, au fur et à mesure que notre étude avancera.

CHAPITRE IV

COMMUNISME ET COLLECTIVISME

Oui, il ne s'agit pas de renverser, mais de remplacer. Il ne suffit pas de s'abandonner à une passion haineuse, il faut encore prévoir les conséquences de ses actes. Qu'est-ce qu'on déteste, au fond, dans l'organisation actuelle de la société? — L'inégalité. — Remarquez-le bien, cette inégalité, chez nous au moins, n'a pas été créée par la loi. Grâce aux progrès qui ont abouti à la Révolution de 1789, ni la naissance, ni la couleur de la peau, ni la religion ne causent d'inégalités sociales ou politiques, il n'y a plus que les inégalités naturelles fondées sur l'inégalité des capacités et des qualités des hommes. Or cette inégalité est inévitable — l'homme aux bras forts ne se laissera pas terrasser par l'homme aux bras faibles, toute votre éloquence et les plus belles phrases du monde n'y feraient rien; de même le talent l'emportera sur la médiocrité, et les dons naturels auront leur prix comme les capacités acquises [1]. Cette inégalité a son bon côté, car elle sert de contrepoids à la paresse (la force d'inertie) de l'homme: c'est à l'esprit, à l'intelligence, aux sentiments nobles ou dévoués à mettre en mouvement le corps humain. Les individus à intelligence supérieure, ou qui ont des qualités morales hors ligne, sont d'ailleurs les boute-en-train du progrès, la Société tout entière tire profit de leur activité.

On objectera que l'inégalité n'est pas toujours fondée sur le mérite. — A qui le dites-vous! Parbleu, tout le monde sait qu'il y a

[1]. Les dons naturels profitent de leur avantage sous tous les régimes possibles.

de la fraude. La langue a même beaucoup
de mots pour les indiquer. Il y a l'orateur...
et aussi l'homme à la langue bien pendue,
sans parler du rhéteur; de même il y a
l'éloquence et ce qu'on appelle la faconde, il
faut même ajouter le *bagou*. On pourrait
former ainsi de nombreux groupes de mots,
les uns indiquant les qualités réelles, les
autres leur contrefaçon, vous ne serez pas
embarrassé pour en trouver. Encore une
fois, il y a de la fraude, c'est connu, archi-
connu, et c'est à chacun de nous à s'en
garantir. Vous êtes averti, partant vous en
valez deux. Défendez-vous contre la fraude;
réfléchissez, examinez et ne prenez pas
pour de l'or tout ce qui luit ou brille. Vous
n'êtes pas, je l'espère, des gens bornés qui
disent : c'est pénible de rechercher la fraude,
de distinguer le vrai du faux, j'aime mieux
tout rejeter. — Alors, et c'en serait la conséquence, pour éviter les aliments sophis-
tiqués vous vous priverez de toute nourriture, n'est-ce pas? — Essayez-en.... Du
reste, sous tous les régimes quelconques,

sans aucune exception, il y aura des hommes qui chercheront à tromper les autres, si ce n'est pas pour gagner de l'argent, ce sera pour autre chose, pour de l'honneur, pour des jouissances, ou ce sera par vanité, par ambition, par méchanceté. Il faudra s'y habituer.

On en veut donc à l'inégalité naturelle, économique et morale des hommes qui cause les inégalités sociales. Mais au lieu de s'appliquer à faire cesser ou à réduire les abus, à dénoncer les fraudes, à faire dominer le bien sur le mal en renforçant la responsabilité de l'individu, certaines gens proposent d'annuler l'individu au profit de la Société, c'est-à-dire d'introduire le communisme. Ce sont les esprits bornés qui, pour éviter un mal, se jettent dans le mal opposé, qui vont de la mer de glace dans l'océan de feu, comme s'il n'y avait rien entre les deux extrêmes.

Le communisme supprime la propriété et ne tient ou ne semble tenir aucun compte des inégalités naturelles. Il n'admet pas le principe : à chacun selon ses capacités, ou son mérite, ou ses vertus; non, il dit volontiers : à chacun selon ses besoins, selon son désir de jouissances. Il le dit — c'est si facile de *dire* une chose, — mais il lui serait impossible de réaliser une pareille promesse, même au prix du plus dur esclavage. Car le communisme c'est bien l'esclavage. Le tambour vous réveille le matin, vous appelle aux repas et au travail, et règle chacun de vos mouvements. Vous ne mangez pas ce que vous voulez, vous ne vous habillez pas à votre goût, vous ne choisissez pas votre femme, ni n'élevez vos enfants. Du reste, il n'est pas nécessaire d'insister, personne n'en veut, du communisme. L'humanité a lutté pendant de nombreux siècles pour que l'individu rentre en possession de sa personnalité, de sa dignité humaine; elle ne voudra pas perdre ce bien si précieux; elle se rit des vains efforts de quelques énergumènes à « la langue bien pendue ».

C'est bien la haine que l'immense majorité de l'humanité porte au communisme qui a fait adopter à sa place le mot socialisme. Mais peu importe le mot, les deux termes disent la même chose, l'esclavage général. — Sous les ordres de qui? — De la Société, répond-t-on. — Qu'est-ce que « la Société »? — On a l'air de dire que c'est une dame à laquelle on peut faire sa cour. Mais non, la Société, pour certaines gens sans scrupule et à la langue bien pendue, c'est eux,... aussi longtemps qu'on les écoute et les accepte pour chefs.

Quoi qu'il en soit, le communisme étant impopulaire, le socialisme s'en est tiré en inventant un nouveau mot, le collectivisme. C'est un communisme un peu (très peu) adouci. Le nouveau mot permet de dire qu'on ne supprime pas la propriété, mais ce *dire* est encore une fraude, comme on va le voir.

Le collectivisme revendique pour l'État ou la Société (ces deux mots ont pratiquement le même sens)[1] la possession de la

1. M. Bebel dit que sous le régime socialiste il n'y aura pas d'État, mais des délégations hiérarchisées; je trouve que c'est affaire de mots.

terre, des capitaux, de tous les instruments de production, des matières premières, etc., et ne laisse aux individus que les objets de consommation. Vous avez donc la « propriété » de l'aliment que vous mettez dans votre bouche, du vêtement que vous portez sur le dos, de même que de tout autre objet que vous et un autre homme ne pouvez pas consommer en même temps. En est-il autrement sous le régime communiste le plus brutal?

Une fois que l'État (ou la Société) se sera emparé de tous les moyens de production, tous les hommes et toutes les femmes seront embrigadés au service de la communauté et travailleront sous la surveillance des agents sociaux. Chacun apportera le produit de son travail au magasin social et on lui donnera en échange un (ou plusieurs) bons de travail; autant d'heures, autant de *bons*, car, comme il n'y aura plus d'argent et que le travail vaut le travail (c'est-à-dire que tous les travaux auront le même prix), on mesurera la valeur des produits d'après le temps qu'ils auront coûté. Les bons de travail serviront à acheter ce dont on aura besoin pour vivre et pour agrémenter la vie : le pain, la viande, la robe, le manteau, la fourrure, le bijou, les violons, et que sais-je encore?

CHAPITRE V

COMMENT LE SOCIALISME REVIENT A L'UTOPIE

Le lecteur aura peut-être déjà prévu, à
la fin du précédent chapitre, que le socialisme retombe dans l'utopie, c'est-à-dire
dans les rêves, les nuages, presque dans
le merveilleux; on l'aurait vu plus clairement si j'avais pu entrer dans des détails.
Indiquons au moins quelques-unes des suppositions sur lesquelles serait fondée la
société collectiviste.

On suppose d'abord que tout le monde
sera vertueux, laborieux, régulier dans ses
habitudes, dégagé de toute passion. On
suppose en outre que la cupidité est seule

à inspirer des crimes, et que la suppression de la propriété fera disparaître la cupidité. Double erreur bien grave, car chacun devrait savoir qu'à côté des crimes contre la propriété il y a les crimes contre les personnes, les crimes passionnels, et que la Société doit se défendre à la fois contre les uns et les autres. Quant à la cupidité elle peut également exister sous le régime communiste, où les objets convoités appartiennent à l'État. L'homme n'aime pas l'effort, le travail pénible, il intriguera pour obtenir des jouissances sans les avoir gagnées. — On voudrait aussi faire oublier que toute collectivité a besoin d'un budget, qu'il faut une police et une justice, qu'il y a d'autres intérêts généraux encore, la défense nationale, par exemple, toutes choses qui exigent des « voies et moyens » (des fonds), et que ces fonds, il faudra que chacun les prenne sur le produit de son propre travail et les verse à la caisse commune.

Puis, on fait complètement abstraction de la nature. Elle est cependant pour

quelque chose dans nos productions : il y a
de bonnes et de mauvaises récoltes, que
faire en cas de disette? Rien n'est prévu
relativement au commerce extérieur. Ces-
serons-nous de consommer les denrées que
le commerce importe des pays chauds : le
café, le chocolat, le thé, puis le caout-
chouc, les plantes médicinales des matières
tinctoriales et tant d'autres? On passe cette
difficulté sous silence, comme si elle n'existait pas.

Les socialistes veulent supprimer les
monnaies, parce qu'on les considère comme
un signe de la richesse, mais surtout parce
que leur nature métallique permet de les
accumuler, de former un magot, une propriété particulière, ce qui tendrait à rétablir une sorte d'inégalité, la chose que les
gens à esprit étroit, et ceux qui n'ont pas
assez de caractère pour faire des économies, détestent le plus [1]. Nous avons déjà
dit qu'on veut remplacer la monnaie par

____

1. Il ne s'agit pas ici d'égalité politique, mais d'égalité de jouissances.

des bons de travail, a-t-on la moindre idée comment cette combinaison marchera? Supposons que demain un pays passe volontairement sous le régime socialiste, je dis volontairement, car il semble radicalement impossible qu'un coup de main réussisse, on pourrait tout aussi bien mettre le mont Blanc dans la poche de son gilet [1]; supposons donc l'invraisemblable, que dans un pays le peuple consente à faire une expérience; supposons encore, suis-je assez généreux! qu'on ait pu préparer des magasins et des registres et qu'on enjoigne provisoirement aux citoyens et aux citoyennes de continuer leur travail actuel jusqu'à l'achèvement de la liquidation et de la réorganisation sociales. Passez en revue les différentes professions, depuis le cultivateur jusqu'au médecin, depuis l'horloger jusqu'au maçon et tant d'autres, sans parler du juge et de l'avocat, de l'offi-

1. C'est impossible, parce que les intérêts opposés au socialisme ont le bon sens et la justice avec la vraie force de leur côté. Les révolutionnaires ne pourraient que causer des troubles, des désordres de courte durée.

cier et du marin, du commerçant et du peintre, etc. — comment feront-ils évaluer leur travail? Et comment livreront-ils le produit en « magasin »? Par exemple, un navire (en fera-t-on encore?) exige, mettons trois cents journées de travail de cent charpentiers. Pierre, l'un d'eux, qui a raboté les planches que Paul a clouées aux flancs du bateau, n'a rien à présenter au magasin, lui donnera-t-on des bons de travail? Si on lui fait l'avance d'une semaine de travail (c'est risqué, il peut être malade ou mourir), cela lui suffira-t-il pour se procurer les objets qui lui sont nécessaires? — Personne n'en sait rien. — Et s'il avait besoin d'une montre supposée valoir cent heures de travail? Il ne l'aurait pas,... on l'enverra promener.

Tout le monde sait qu'un particulier ne paie pas un objet d'après le temps nécessaire pour le produire, mais d'après le service que cet objet doit lui rendre; quel rapport existe-t-il entre le temps nécessaire pour produire les objets qu'on fournit au magasin commun, et le temps nécessaire pour produire les objets dont on aurait besoin ou dont on voudrait jouir? — Personne n'a tenté un pareil travail. — Réfléchissez un peu, pour vous en rendre compte. — On n'a pas encore calculé s'il y a le moindre rapport entre ce que chacun pourra gagner par son travail, au taux mesuré par le temps employé (au lieu de la valeur de l'utilité créée), ou plus exactement quelles consommations et quelles jouissances un homme pourra payer par son travail ainsi évalué. On se borne à parler vaguement de : travail contre travail. Quel nuage!

« Ne vous inquiétez pas, répondra le théoricien socialiste, sous notre régime, il y aura une telle abondance, qu'il suffira de trois heures de travail [1] pour que chacun puisse se procurer tout ce qu'il lui faut et le superflu par-dessus le marché. » Il suppose qu'on perfectionnera la produc-

1. Les opinions que nous attribuons aux socialistes sont prises dans leurs ouvrages; les trois heures sont de M. Bebel. Il est des auteurs qui vont jusqu'à deux heures.

tion d'une manière merveilleuse; il n'y aura plus de petite culture, les champs seront labourés à la vapeur, on inventera de puissants engrais et l'on récoltera un nombre illimité d'hectolitres de blé par hectare [1]. Il y aura bien d'autres merveilles semblables, seulement quand on les examine de près on s'aperçoit bien vite que l'auteur s'est rendu la tâche facile, en oubliant les difficultés qui pourraient le gêner. Laboure ra-t-on à la vapeur les vignes aux pentes raides, formées en terrasses soutenues par des murs?

Prenons encore un exemple. Supposons qu'il s'agisse de montrer la supériorité du régime socialiste sur le régime bourgeois à l'aide du tableau de la préparation du café en commun à Paris : on comparerait le temps employé pour cette préparation dans les 400 000 ou 500 000 ménages parisiens avec ce qu'il en faudrait dans 80 grandes cuisines de quartier. On monterait

---

1. Un utopiste ne craint pas de parler de 233 quintaux métriques par hectare.

dans chaque quartier une chaudière grande comme une salle, que remplirait très vite l'eau sortant de plusieurs gros robinets, on ferait amener le café dans de grands chariots, que soulèveraient des grues, et ainsi de suite. On économiserait bien du temps ainsi, mais dans ce tableau on s'attache à des détails sans importance, et puis le temps économisé de cette façon n'est souvent pas utilisable ailleurs. En revanche, on oublie de mentionner la source d'où viendrait le café. Jamais un État socialiste — en Europe — ne pourra s'en procurer, puisqu'il n'aura pas de commerce. Il ne peut pas en avoir, nous n'avons pas besoin de le démontrer.

Ne nous bornons pas à rester dans les généralités, car certains socialistes ont des prétentions scientifiques et prétendent prouver leurs doctrines, il faudra donc y regarder de plus près. Nous allons relever quelques-unes des propositions les plus importantes émises par ceux qu'on considère comme des maîtres, les Karl Marx, Lassalle, Proudhon; nous analyserons et examinerons leurs arguments. Nous aurons ainsi l'occasion de voir s'il est vrai que les ouvriers sont exploités par les patrons. C'est là le grand cheval de bataille des agitateurs.

CHAPITRE VI

LE TRAVAIL ET LA VALEUR

1° **La qualité sociale du travail.**

Tout le monde sait ce que veut dire l'expression qu'une chose a de la valeur, mais s'est-on toujours rendu compte pourquoi ou quand une chose a de la valeur?

Les économistes ont beaucoup discuté les causes et la nature de la valeur, et cela parce que le mot qui, au fond, veut seulement dire : « le *degré* d'utilité qu'on attribue à une chose », est souvent aussi employé dans le sens de : le *prix* d'une chose. Le prix est ce qu'on donne en échange d'un objet désiré. Le double sens que presque toutes les langues donnent au mot valeur a inspiré à Adam Smith l'idée de distinguer la « valeur d'usage » (l'utilité) de la « valeur d'échange » qui se confond presque avec le prix. Mais pas tout à fait : la « valeur d'échange » indique seulement qu'on *pourrait* vendre l'objet, qu'il y a des amateurs; le prix nous apprend qu'il y a eu effectivement vente, et nous fait connaître en même temps ce qu'on a donné en échange [1]. Dans la pratique, on confond trop souvent le prix et la valeur (d'échange); de là vient qu'on a donné parfois de la *valeur* une définition qui ne s'applique bien qu'au *prix*; de là vient aussi que j'ai été obligé d'entrer dans ces détails préparatoires. Rappelons en passant que les frais de production d'un objet et sa rareté (ou son abondance) exercent une influence dominante sur son prix.

1. Actuellement, c'est une somme d'argent dont on nous fait connaître le montant.

Dans sa jeunesse, le célèbre théoricien du socialisme Karl Marx avait admis les frais de production comme cause principale de la valeur, mais lorsqu'il s'était donné la mission de réformer la Société, notamment dans son livre *le Capital*, il ne parla que du travail et non de l'ensemble des frais. Il n'est pas le premier qui ait ainsi mis le travail (manuel) en avant, mais c'est lui qui a poussé l'idée à l'extrême et qui en a tiré les conséquences les plus osées. Karl Marx était aussi habile que savant, mais il n'était pas dans le vrai. Il avait un but — situé très loin de la vérité; — ce but, il voulait l'atteindre à tout prix; il était passionné, et la passion obscurcit toujours la vue. Le lecteur en jugera [1].

Ainsi donc K. Marx soutient que la valeur (d'échange) vient du travail, les choses utiles que la nature nous donne en abondance (l'air, l'eau) et sans peine

1. Au moment d'écrire ces lignes, nous avons devant nous *le Capital*, le principal ouvrage de K. Marx.

n'ayant pas de valeur (d'échange). Il en conclut que si c'est le travail (manuel) qui confère la valeur à un objet, le taux de la valeur dépend de la quantité de travail qu'un objet a coûté, c'est-à-dire que s'il a fallu dix heures pour faire une redingote et dix heures pour faire une serrure, la redingote aurait la même valeur que la serrure. Vous voyez, cher lecteur, dès le premier coup d'œil, que cet auteur s'expose à une grave objection : la redingote est faite de drap, la serrure de fer; on n'a pour rien ni ce tissu, ni ce métal. Il répondra sans doute que ces matières sont le produit d'un travail antérieur, mais c'est là un simple piège [1].

1. Nous ferons voir à un autre endroit (page 60, etc.) combien il est difficile, sinon impossible, dans la pratique de remonter la série des « travaux antérieurs », cela devient presque un moyen de jeter de la poudre aux yeux. Bien des formules abstraites n'ont pas d'autre but.

Un exemple. On lit quelquefois : l'ouvrier n'a pas le produit entier de son travail; s'il l'avait, il pourrait racheter le produit. Quel affreux sophisme! Le patron cordonnier donne, supposons, 6 francs à l'ouvrier pour coudre une paire de souliers et vous prétendez que l'ouvrier doit pouvoir racheter les souliers pour 6 francs? Et

Un autre exemple fera mieux comprendre que dix heures de travail ne valent pas toujours dix heures de travail. Pierre a un champ très fertile, celui de Paul est presque stérile; l'un et l'autre travaillent chacun cent heures à la culture de leur champ, les deux champs étant de la même grandeur. Lors de la récolte, Pierre emmagasine 60 hectolitres de blé, Paul seulement 20 hectolitres. Ce dernier a donné cinq heures pour 1 hectolitre, Pierre seulement une heure quarante minutes, l'un a gagné 60 litres par heure, l'autre 20. C'est que Pierre a été secondé par la fertilité du sol.

Le travail n'est donc pas la cause unique de la production, encore moins celle de l'abondance et de la rareté. Ce n'est pas tout. K. Marx ne dit pas absolument : une heure de travail vaut une heure de tra-

le cuir que le patron fournit? sans parler du travail du patron qui a découpé le cuir et qui a dû s'occuper de la vente du produit,... etc. Ceux qui répandent de pareilles doctrines feraient bien d'étudier les articles 554 et 555 du Code civil... et les éléments de la morale.

vail, il dit : une heure de travail *social*, dans le sens de : travail *normal*. Cette distinction est très importante, vous allez voir. Un tailleur, je suppose, a besoin d'une journée pour coudre un pantalon; s'il vous demande 5 francs pour ce travail, vous le trouverez raisonnable et vous payerez. Une autre fois, vous aurez affaire à un homme très lent ou qui, pour une cause quelconque, mettra trois jours à faire le pantalon; en vous l'apportant, il demandera 15 francs. Comment 15 francs! vous écrieriez-vous. C'est que j'y ai travaillé trois jours, dirait l'autre. Jamais vous ne consentiriez à payer ce prix exceptionnel. Vous ne voudriez pas entrer dans des considérations personnelles, vous soutiendriez qu'on fait couramment un pantalon en un jour, que le prix est de 5 francs, etc., et le tailleur maladroit sera obligé de céder; d'ailleurs le juge vous donnerait raison. C'est à quoi K. Marx fait allusion en parlant de travail social.

C'est que vous ne payez pas l'homme

qui remue les bras ou les jambes, mais l'homme qui vous rend un service, et vous le rétribuez en proportion de ce service. C'est l'utilité produite que vous achetez.

L'expression : travail social ou normal a encore un autre sens, très facile à comprendre. Ainsi, nos grand'mères ont filé au rouet, elles ont produit par jour, je ne me rappelle plus bien exactement combien, mettons 100 grammes de fil; ces 100 grammes pouvaient valoir alors, mettons 2 francs. Aujourd'hui une machine à filer mue par la vapeur en fait peut-être, dans sa journée, cent ou mille fois autant (cela dépend de la perfection de la machine), est-ce que maintenant 100 grammes de fil ne coûteront pas sensiblement moins de 2 francs? Tout le monde sait la réponse, on s'est assez plaint, à tort ou à raison, de ce qu'avec ses bras, l'ouvrier ne puisse pas lutter contre la machine. Il ne le pourrait pas davantage sous le régime socialiste.

Quoi qu'il en soit, personne, ni patron, ni ouvrier, ne veut payer cher ce qu'il peut obtenir à bon marché; chacun aussi désire profiter des progrès généraux de la société, de l'humanité, de sorte que personne ne tiendra compte d'un travail qui n'est pas à la hauteur de l'époque. Ce qui prouve également qu'on ne paye pas le travail en soi, mais l'utilité, le service rendu. Le travail en soi, qu'est-ce? il n'y a que l'écureuil dans sa roue qui en fasse, car la roue tourne sans profit pour personne. L'homme n'aimerait pas faire un travail inutile et sans but, même si on le lui payait. Un philanthrope voulait bien secourir les pauvres, même valides, mais pas sous la forme d'aumône, et une fois qu'il n'avait pas de travail utile à donner, il dit au mendiant : Vous voyez ce tas de bois, là à droite dans la cour? Portez-le à gauche et rangez-le de la même façon. — Deux heures après l'homme vint dire que c'était fini. Le propriétaire jeta un coup d'œil par la fenêtre : — C'est bien. Vous avez travaillé deux heures, voulez-vous continuer? — Je le veux bien, répondit l'autre. — Eh bien, reportez le bois où il était. L'homme le fit. Mais quand le propriétaire voulut de nouveau, pour aller jusqu'à six heures de travail, faire transporter le bois de l'autre côté, l'homme refusa : — Je puis tout aussi bien mendier, dit-il. Un travail inutile est à la fois pénible et insupportable.

CHAPITRE VII

2º La qualité professionnelle du travail.

Nous venons de parler du travail social
ou *normal*, ce dernier étant, répétons-le, la
production opérée à l'aide de toutes les
ressources — instruments, procédés, habileté acquise — de notre civilisation; mais
K. Marx distingue aussi le travail qualifié
du travail simple. Ce dernier n'a pas besoin
d'être appris, c'est, par exemple, le travail du terrassier. Le travail du cordonnier
ou du tailleur exige un apprentissage; celui
de l'horloger, du mécanicien, est plus dif-

ficile, par conséquent l'apprentissage est plus long; le professeur a besoin de plus de temps qu'un travailleur manuel pour se préparer à sa profession, le médecin davantage encore. Aussi K. Marx reconnaît-il que le travail qualifié vaut des multiples du travail simple, c'est-à-dire (je mets des chiffres quelconques pour rendre la pensée plus claire), si une heure de travail du terrassier vaut 1, celui du cordonnier vaut 3, celui du tailleur vaut 4, de l'horloger 6, du mécanicien 7, du professeur 10, du médecin 12; je le répète, ce sont des chiffres en l'air parce que je ne sais pas exactement les chiffres qu'il faudrait mettre.

Ni K. Marx non plus. L'ignorance, dans ce cas spécial, m'est permise, car je ne me pose pas en réformateur de la société, l'auteur du *Capital*, un livre qui est considéré comme l'évangile du socialisme, n'a pas la même latitude; il était de son devoir de faire un tarif, de dresser une liste de toutes les professions, en mettant en regard de chacune d'elles le coefficient (le nombre) avec lequel il faudrait multiplier l'unité du travail simple. Il s'en est bien gardé, et par toutes sortes de bonnes raisons. L'une est la même que celle du maire de village qui n'a pas tiré le canon lors de l'arrivée du roi : « C'est que, Sire, je n'en ai point ». Mais K. Marx n'était pas un maire de village, il aurait dû faire les calculs nécessaires. Il l'a trouvé trop difficile, peut-être, mais à coup sûr dangereux. La Fontaine le lui a appris : « On ne peut pas contenter tout le monde et son père »; pas une seule profession n'aurait été satisfaite de son lot, le terrassier lui-même au nom de l'égalité aurait demandé un coefficient, car 1 n'en est pas, il aurait au moins voulu avoir 2. Quel homme est content de son sort? Or, comme K. Marx voulait faire de l'agitation, gagner des adhérents, préparer une révolution, il devait avant tout éviter de froisser les amours-propres.

Il s'en est tiré avec une échappatoire. Tenez, voici le texte même de l'exposé de sa doctrine (*le Capital*, p. 17) : « Le travail complexe (ou qualifié) n'est qu'une *puissance* du travail simple, ou plutôt, n'est que le travail simple multiplié, de sorte qu'une quantité donnée de travail complexe correspond à une quantité plus grande de travail simple. L'expérience montre que *cette réduction se fait constamment*. Lors même qu'une marchandise est le produit du travail le plus complexe, sa valeur le ramène, dans une proportion quelconque, au produit d'un travail simple, dont il ne représente, par conséquent, qu'une quantité déterminée. Les proportions diverses suivant lesquelles différentes espèces de travail sont réduites au travail simple *comme à leur unité de mesure*, s'établissent dans la société à l'insu des producteurs et leur paraissent des conventions traditionnelles. »

Arrêtons-nous un moment. Il est reconnu que le travail qualifié, exigeant un apprentissage, vaut plus que le travail simple; la proportion s'établit, selon K. Marx, de soi-même, par la force des choses, dans notre société. Il y a du vrai dans cette manière de voir, comme je l'ai établi dans un autre ouvrage [1]. Mais cette opération ne peut avoir lieu que dans une société comme la nôtre; si l'on en changeait radicalement l'organisation, comme on le projette, la tradition serait brisée, les conventions rompues, le passé disparaîtrait et il faudrait créer à nouveau. Que ferait-on alors?

K. Marx se dérobe. Puisque ces fixations se font d'elles-mêmes « il s'en suit, dit-il, que dans l'analyse de la valeur on doit traiter chaque variété de travail... comme « une force de travail simple ». En d'autres termes, on doit payer le médecin comme le terrassier [2]. N'est-ce pas se

1. *Progrès de la science économique depuis Adam Smith* (librairie Guillaumin, 1890). J'ai montré que chacune des opérations successives se liquide successivement et à son tour.

2. Un médecin qui se déclare socialiste y met du dévouement, car on lui payera, comme au terrassier, 50 centimes l'heure. Et comme, avec la course, une visite prend en moyenne une demi-heure, la visite vaudra 25 centimes.

On me croira si j'affirme que je ne trouve pas suffisante cette rémunération.

moquer du pauvre monde que de dire : au fond, cela vaut 10, mais bornons-nous à le compter comme 1, le 1 se changera en 10, c'est la force des choses — la force d'une chose que nous détruisons — qui le veut. On s'attend donc à un miracle, sinon le langage de K. Marx n'a pas de sens.

En réalité, l'habile agitateur sait ce qu'il fait. Ses adhérents n'aiment pas les supériorités, plus d'un l'ont expressément déclaré; on veut tout abaisser au même niveau. K. Marx s'en tire donc en disant, ou à peu près : reconnaissons la supériorité intellectuelle en théorie, mais n'en tirons aucune conséquence pratique.

Et la justice? On la reconnaît également en théorie seulement. Vous allez voir que la pratique n'en use pas. Il est dit : On ne paye que le travail, et tant par heure; autant d'heures, autant de *bons* d'une heure. Soit, soumettons-nous s'il le faut, mais appliquons un moment cette règle défectueuse dans sa lettre et dans son esprit. Pierre n'a jamais remué la terre, on le fait travailler à une

terrasse et il se rend immédiatement utile.
Au bout de trois heures on lui donne trois
bons d'une heure. Le lendemain Pierre
tombe malade, on fait venir le médecin
Jean. En comptant la course, Jean a consacré une heure à cette consultation. Et on
penserait l'avoir rémunéré en lui donnant
un de ces trois *bons*? — Ce serait oublier
que le docteur Jean a travaillé au moins
dix ans (au lycée et à la faculté) pour devenir
médecin, pour être en état de reconnaître
le mal et savoir le guérir; il faut absolument compter ces dix années de travail si
l'on veut rester dans l'esprit de la théorie.
Dix années à trois cents jours d'au moins
dix heures font trente mille heures, chaque
consultation doit payer sa part de ces trente
mille heures, alors même que le travail le
plus simple et grossier ne vaudrait pas plus
que le travail le plus fin, habile, sagace.
Jamais l'humanité ne voudra descendre
ainsi au-dessous de la brute, je ne dis pas
au-dessous des sauvages — car les sauvages
respectent leurs « sorciers », — je parle des

animaux, ceux qui voyagent en groupe , oiseaux ou troupeaux, suivent des chefs et observent une discipline. Même chez eux l'intelligence a sa valeur [1].

1. En sa qualité de savant K. Marx tient compte de l'intelligence dans sa théorie; en sa qualité d'agitateur ayant à gagner — dans le nombre — aussi des ignorants et des envieux, il abandonne l'intelligence en appliquant sa théorie aux choses de la pratique.

CHAPITRE VIII

3° L'évaluation des instruments et des matières premières.

Il ne paraît pas nécessaire d'épuiser la liste des difficultés qu'il faudrait vaincre pour introduire le régime socialiste, mais il convient d'en mentionner encore au moins deux ou trois.

On sait que ce régime supprime les monnaies, chaque travailleur apportera le produit de son travail au magasin social et on lui donnera en échange des *bons* contre lesquels il se procurera ce dont il aura besoin.

Je suppose que les travaux qui, par leur nature, ne sont pas susceptibles d'être apportés — mais qui auront été régulièrement commandés par qui de droit — seront constatés et évalués sur place; je suppose encore qu'il y aura des jetons divisionnaires des bons de travail correspondants à nos centimes. A cet effet on divisera l'heure de travail en minutes de travail; on ne l'a pas dit expressément, mais je me permets de le deviner.

Rendons-nous au magasin social : Paul y apporte le pain qu'il a fait, il s'agit de lui payer le nombre d'heures qu'il a employées à ce travail. Le comptable est embarrassé, il n'y a pas de tarif. A la rigueur, il peut croire Paul sur parole, non que sous le régime socialiste on n'ait pas d'intérêt à mentir, on en aura tout autant que de nos jours, et même davantage [1], mais le comp-

---

1. On se récriera contre cette assertion en rappelant que la propriété est supprimée. Or, Paul ne peut avoir que les jouissances qu'il achètera avec ses bons de travail, par conséquent plus il aura de bons, plus il pourra se procurer de jouissances. Sous le régime de

table apprécierait en pareil cas une question simple, où l'erreur serait minime et sans grande portée. Mais ce même comptable doit aussi fixer la valeur du pain pour celui qui l'achètera. Or le pain, ce n'est pas seulement le travail du boulanger, c'est encore de la farine, du sel, du bois, des ustensiles, un four, et pour fixer le prix du pain, il faudra faire la part de tout cela. Le boulanger ne possède ni instruments, ni matières premières, ce sont des capitaux (des moyens de production) dont la communauté s'est emparée, le boulanger n'a reçu que la valeur de ses heures de travail, mais la communauté se fait rembourser toutes les autres valeurs *figées* ou « cristallisées » (comme dit K. M.) dans le pain.

La valeur des objets, selon K. Marx, c'est le travail qu'ils ont coûté, « c'est le travail qui s'est figé dans l'objet »; tâchons donc

la propriété privée on peut avoir des revenus — et des jouissances — en sus de ceux qu'on s'est procuré par son travail, même sans mentir.

de le calculer pour le pain. Combien de temps a-t-il fallu employer pour établir un quintal de farine? La farine vient du blé. Suffit-il de compter le travail du meunier? Oh, que nenni! Le meunier ne fait qu'une toute petite partie du travail, c'est le moulin qui fait le gros de la besogne. Si nous avons compté trois heures pour le boulanger, deux heures suffiront pour le meunier (dans certains cas il faudrait mettre soit une heure, soit trois ou quatre heures).

Avant de parler du moulin, nous avons à remonter à l'origine du blé, car le cultivateur ne travaille pas pour rien. Il faut additionner ce que coûtent le labourage, le hersage et le reste des travaux du cultivateur et diviser le total par le nombre des quintaux. Puis, pour obtenir la valeur du blé, il faudra tenir compte encore des instruments et des matières premières. Prenons, à titre d'exemple, un seul instrument, la charrue — et remarquez-le, on prétend qu'à l'avenir il n'y aura plus que des charrues à vapeur (quand toutes les montagnes auront été nivelées), — mais contentons-nous de la charrue actuelle — il y entre du bois et du fer, on y attelle des chevaux ou des bœufs, il faut des harnais et des cordes. Que de calculs à faire! Pensez donc, rien que pour le fer il faut des mines, des hauts fourneaux et des forges, et si l'on fait venir le minerai d'Espagne ou de Suède, il faut des navires.... Respirons un moment.

Abandonnons ces calculs à d'autres et revenons à notre moulin. C'est que nous ne savons pas ce qu'il faut compter pour le travail du moulin. Disséquez cette machine (à vent, à eau, à vapeur, etc.); est-ce assez compliqué? Il y a encore le four, il faut aussi une charrette ou un chariot, des sacs; il faut du bois, et une cognée ou une scie. Avons-nous compté le seau pour chercher l'eau, car sans eau, pas de pâte? Et le sel donc.... Je m'y perds, et je parie que le comptable ne sera pas plus fort que moi.

Si la société socialiste devait attendre, pour manger du pain, que tous ces calculs eussent été faits et parfaits, vérifiés et contrôlés, le pain aurait le temps de moisir et les citoyens de mourir de faim. Nos aïeux ont prévu cela, ils ont donc institué ou plutôt confirmé la propriété privée et la monnaie, et avec ces deux choses il est facile de liquider chaque opération sans délai, pour n'y plus revenir. Si le cultivateur a payé sa charrue 100 francs et qu'elle lui dure cinq ans (je simplifie pour abréger), il compte de ce chef 20 francs de frais par an et tout est dit, on n'a plus à y revenir. Au lieu d'heures de travail, c'est de l'argent qui s'incorpore dans les produits.

Quand le meunier a établi son moulin, il peut se borner à compter une somme déterminée par an, sans avoir à remonter jusqu'au déluge, comme le comptable du magasin social. Dès que le blé a été payé, le cultivateur est désintéressé, le meunier en est le propriétaire, et celui-ci n'a plus à s'occuper que de son travail, qu'il compte au taux usuel. Le boulanger, en achetant la farine, liquide tous les frais antérieurs que produit a causés, il compte ce qu'il faut pour l'entretien de ses instruments et son travail, et le dernier acheteur, le consommateur du pain, liquide finalement toute la série des opérations précédentes.

Et l'on a la prétention de nous faire croire que le système grossier, lourdaud, barbare des *bons* de travail pourra jamais remplacer le système actuel que l'humanité tout entière a mis des siècles à établir, à perfectionner, à raffiner à l'extrême? Est-ce que jamais la rivière remonte vers sa source? Et quelle singulière idée de supposer que la suppression de la monnaie fera diminuer les fraudes, l'égoïsme et d'autres vices dont l'humanité, hélas! est entachée. Ces vices prendront une forme un peu différente, voilà tout. On trompait pour avoir des pièces de cent sous, on trompera pour avoir des bons de travail. On aura seulement gagné une vie monotone, sans stimulant et sans progrès [1].

1. Il n'est pas question du talent et des mérites exceptionnels, ils ne seront pas rémunérés, voilà tout. Est-il dans la nature humaine de se contenter de ce résultat négatif?

CHAPITRE IX

LE TRAVAIL ET LA VALEUR (suite)

4° **Le règlement de la production.**

En supprimant la production individuelle
au profit de la production collective, et en
obligeant chacun à livrer ses produits au
magasin commun, les socialistes prétendent
éviter les crises industrielles et commerciales, tout en maintenant l'approvisionnement dans un état normal. De nos jours,
disent-ils, la production est « anarchique »,
chacun produit le plus qu'il peut, sans se
préoccuper du reste; il arrive alors un
moment où il y a « surproduction », c'est-à-

dire où les magasins sont encombrés, ren-
fermant plus de marchandises qu'on en peut
vendre. Un socialiste influent, M. Bebel,
dans un récent ouvrage que j'ai sous les
yeux, reconnaît, il est vrai, qu'un marchand
apprécie assez bien d'avance le montant de
sa vente probable, ou le fabricant la quantité de produits qu'il pourra placer; mais
selon lui et les autres socialistes, cela ne
vaut pas le règlement officiel de la production.

Voilà donc ce que ferait — je ne dis pas :
l'État, M. Bebel vient de proclamer que,
puisque sous le régime socialiste il n'y
aurait plus ni guerre, ni voleur, ni..., il ne
faudra plus d'État, — je dis, voilà donc ce
que ferait *la société* [1] : Elle commencerait
par dresser la statistique exacte des besoins
des membres de la société, savoir : com-

1. Par son gouvernement. Le gouvernement de l'État
ou le gouvernement de la société n'est-ce pas : blanc
bonnet ou bonnet blanc? — Avez-vous lu *Faust?* Dans
cette pièce il y a un personnage appelé Méphistophé-
lès qui représente l'esprit malin (c'est un diable plein
d'ironie). Méphisto dit : Quand on manque d'idées, on
les remplace par des mots.

bien il faut de pain et de viande, de boutons et de papier, d'aiguilles et d'ardoises, de pommes et de fers à cheval, de portefeuilles et de bateaux, de plumes et de charrettes, de café et de souliers.... Pardon, ne me demandez pas d'être complet, il y aurait encore 17 534 objets, ou à peu près, à énumérer. Vous sauriez au besoin les deviner. Le gouvernement (ou la délégation de la société) veillera à ce que personne ne demande une plus grande quantité des objets à produire qu'il ne lui en faut (ou qu'il pourra payer par son travail), ni ne promette plus de travail qu'il ne pourra en fournir; le gouvernement veillera aussi à ce qu'il n'y ait — dans les 36 000 communes de France — aucune erreur de calcul, et qu'on n'en fasse pas non plus à l'administration centrale, car toute erreur aurait des suites graves.

Des suites graves? Vous allez voir. Si l'on se trompait sur le nombre d'aiguilles qu'il faut à Bordeaux, et qu'il en manquât... combien de chemises resteraient non raccommodées? Si l'on oubliait d'envoyer des brosses à Lille, ou de la toile à Nancy, croyez-vous que cela ne ferait rien? Ce sont surtout les pauvres villages qui pâtiraient souvent! Tantôt il manquerait ici des pelles, là des râteaux; tantôt la semence du blé d'hiver arriverait après la neige, tantôt le blé pourrirait dans le champ parce que la machine à moissonner serait en retard, personne n'ayant songé à la raccommoder après le travail de la précédente récolte.

Vous croyez que c'est tout? Le meunier en remplissant les sacs de farine qui vont partir pour la ville ne s'est pas aperçu que l'un des sacs était mal cousu. En route le sac s'ouvre, la farine en sort peu à peu et se sème sur la route en une longue ligne blanche; en arrivant en ville, le sac est vide, il s'ensuivra que l'on ne pourra pas donner à chaque habitant la ration de farine qu'il a demandée. Supposons maintenant qu'un boulanger, par suite d'un accident quelconque, laisse brûler une fournée; comme il n'a pas de quoi la remplacer, un certain nombre de familles seront privées de pain ce jour-là. Quand on ne produit que juste ce qu'il faut, non seulement il n'y a pas de superflu, mais très souvent un accident peut détruire une partie du nécessaire.

Le mal sera même plus grand qu'on ne pense. C'est que le travail sera en commun dans de grands établissements de l'État — ou sociaux, si l'on veut —; on aura donc des fours monstres et l'accident aura une portée d'autant plus grande. Et voyez-en la conséquence morale. Sous le régime de la production individuelle et privée, c'est le boulanger coupable de négligence qui pâtit seul : il perd la fournée de pain; le consommateur pourra toujours s'en procurer ailleurs; sous le régime socialiste, les travailleurs de l'atelier de la boulangerie perdront sans doute leur *bon* de travail, puisqu'ils n'ont pas fourni de produit; et ce sera justice, mais le consommateur aussi souffrira, sans qu'il en soit de sa faute, et ce sera une injustice flagrante.

Nous parlions d'ateliers communs, arrêtons-nous un moment sur ce point. Quand le gouvernement social saura, par une statistique proclamée infaillible, les quantités de toutes choses qu'il faudra produire, il distribuera le travail entre les différents corps de métiers, groupés en ateliers sociaux[1]. Il se trouvera souvent qu'il y a trop d'individus d'un métier et pas assez de l'autre ; alors le gouvernement mettra les ressources en rapport avec les besoins ; il ordonnera (je suppose) aux 25 horlogers de trop de faire des souliers, car il manque peut-être des cordonniers, 13 peintres d'histoire ou de portrait sans emploi actuel seront adjoints aux serruriers, 5 maçons feront des bouteilles, 3 médecins et professeur tisseront de la toile et ainsi de suite : le tout selon l'appréciation de ceux qui auront le pouvoir ce jour-là, car le pouvoir ne s'éternisera pas dans les mêmes mains.

Adieu, liberté ! — C'est sur sa tombe que je prononce cet adieu. Cette chère liberté

---

1. J'évite de dire ateliers *nationaux*, car on tend à supprimer les nations.

pour laquelle nous avons tant lutté, pour laquelle tant de générations ont versé leur sang, nous ne la verrons plus! Tous les matins le tambour battra le rappel, le signal de : « tout le monde à l'atelier! » — Les ateliers se rempliront et c'est au son de la trompette qu'on fera les mouvements. On sonnera : Tra-ta-ta, « Enfilez aiguille! » — Tré-té-té, « Piquez étoffe! » — Tri-ti-ti, « Tirez fil! » — Tro-to-to, « Ajustez ». Et ainsi de suite.

Ah çà, ne me dites pas que je charge les couleurs. Selon K. Marx on devra livrer une quantité normale de travail pour recevoir le *bon* avec lequel on achètera les jouissances; or, les forces et les capacités des hommes étant inégales, le travail dans les ateliers communs, et au commandement rythmé, comme sous la baguette du maître de chapelle, sera le seul moyen pour que tout le monde gagne la même somme de satisfactions. Si l'inégalité de jouissance se rétablissait, les gens faibles, lents, maladroits, paresseux même, crieraient trop fort.

Si nous nous sommes faits socialistes, di-
raient-ils, c'est pour ne plus avoir le crève-
cœur de voir des hommes plus heureux que
nous. On ne voudra pas s'exposer à pareil
reproche.... Il n'y a pas d'autre alternative :
l'inégalité des profits par suite de l'inégalité
des capacités ou des vertus, ou un travail
en commun où tout est réglé, jusqu'au
mouvement des bras et des jambes, des
doigts et des yeux.

CHAPITRE X

COMMENT ON PRÉTEND DÉMONTRER QUE LE PATRON EXPLOITE L'OUVRIER [1]

Il ne suffit pas d'exposer une nouvelle théorie pour voir accourir les adhérents, et surtout pour gagner de chauds partisans politiques ; la théorie s'adresse généralement à la raison, et bien des gens ont l'es-

1. Il est fort regrettable que les utopistes ou les socialistes s'appliquent tant à exciter les ouvriers contre les patrons ; s'ils cherchaient seulement les moyens d'améliorer la position de ceux qui souffrent, tout le monde se joindrait à eux. Chacun aiderait de son mieux et tous les gens raisonnables seraient satisfaits. Mais cela ne ferait pas l'affaire des agitateurs qui ne peuvent faire réussir leurs projets qu'en semant le mécontentement.

Les exagérations nuisent à la meilleure cause. Quand on demande des choses impossibles, on ne peut pas les obtenir, par la seule raison que.... c'est impossible.

prit paresseux — je ne dis pas qu'ils sont déraisonnables. — Pour plaire au grand nombre, à la multitude des gens instruits comme à la multitude des gens ignorants, c'est à leurs passions qu'il faut s'adresser. On écoute à peine vos raisonnements, mais vos phrases sentimentales font éclater des applaudissements. Parcourez les discours que les journaux reproduisent, et notez les endroits où l'auditoire marque sa satisfaction, vous constaterez presque toujours que l'orateur vient de lui attribuer une vertu ou de le flatter d'une manière quelconque. « Vous ne permettrez jamais une pareille injustice » (*bravo! bravo!*), ou : « Vous verserez pour la liberté, pour la patrie, pour..., jusqu'à la dernière goutte de votre sang. » (*Applaudissements frénétiques.*) Et au moment où l'on applaudit on est de bonne foi, on est tout à fait sincère,... mais, hélas! ces beaux sentiments ne durent que ce que dure un feu de paille!

Une autre catégorie de phrases a également le don de provoquer de bruyantes adhésions, ce sont celles par lesquelles on donne tort à un adversaire réel ou présumé, sans lui ménager des injures. Or beaucoup d'ouvriers tiennent leurs patrons pour des adversaires.... Il serait assez intéressant d'examiner à fond quand ils peuvent avoir raison, et quand ils ont décidément tort, mais l'espace ne le permet pas ici. Il est certain que les patrons sont de la même pâte que les ouvriers; ils descendent comme eux d'Adam et d'Ève. Il y a donc de bons et de mauvais patrons comme il y a de bons et de mauvais ouvriers. Il est certain aussi que les ouvriers désirent avoir des salaires élevés, le plus élevés possible — ce qui n'étonnera personne, car tout le monde tire à soi, — tandis que les patrons ne peuvent pas toujours céder, tant à cause des consommateurs, qui ne veulent pas payer cher, qu'à cause des concurrents en état de vendre à bon marché....

Et s'il est évident, qu'en gros, les intérêts des ouvriers ne diffèrent pas de ceux de leurs patrons,... ai-je besoin de prouver

cette communauté d'intérêts? Penseriez-
vous, par hasard, que l'ouvrier cordonnier
n'y perdrait pas si son patron était obligé
de fermer boutique, parce que tout le monde
se serait mis à aller nu-pieds, ou à porter
des sabots? L'ouvrier ne s'y trompe pas,
d'ailleurs. L'autre jour, lorsqu'il a été question de mettre un droit d'importation sur la
soie grège, ce qui aurait nui à l'exportation
des soieries, les fabricants n'ont pas été
seuls à réclamer la libre entrée de leur
matière première, les ouvriers les ont bra-
vement et sagement secondés, au grand
profit de l'industrie française. On pourrait
citer encore d'autres exemples.

En gros, les intérêts de tous ceux qui
s'occupent de la même industrie sont donc
communs; en détail — dans tel cas ou tel
autre, — ils peuvent différer. Mais entre
gens raisonnables, il y a toujours moyen de
s'entendre. Seulement on prétend que des
sentiments d'envie ou de jalousie se mêlent
souvent aux revendications des ouvriers et
que ce sont ces sentiments qui enveniment

la querelle. C'est probable, car les ouvriers écoutent par trop facilement les hommes qui cherchent à les exciter. Il est à parier *dix* contre *un* que les ouvriers sont bien autrement « exploités » par ceux qui les mènent à l'assaut de la société actuelle que par leurs patrons. Ces meneurs ne risquent rien, mais ils ont tout à gagner, tandis que, dans les troubles, les patrons risquent tout, sans la moindre compensation.

Ces choses-là sont évidentes, et quoique l'ouvrier soit disposé à croire le mal qu'on dit du patron, et surtout le bien qu'on lui dit de lui-même, les théoriciens du socialisme ont senti le besoin de prouver ou d'avoir l'air de prouver que l'ouvrier est bien réellement exploité. Pour faire de l'effet, il fallait donner une forme scientifique à cette preuve; nous allons examiner ce qu'elle vaut.

Il ne faudra pas vous laisser effrayer, cher lecteur, par les formules d'apparence scientifique qu'on va vous servir. Piquez une tête dans ces profondeurs, je vous promets que vous en sortirez sain et sauf. Mais comme il y a des gens à l'esprit paresseux, les agitateurs ont maintenu, à côté de la démonstration scientifique qu'on trouvera dans le chapitre suivant, une autre argumentation, facile à comprendre, celle-là. On se borne à dire aux gens naïfs que les patrons exploitent les ouvriers en les faisant travailler beaucoup d'heures pour peu d'argent, et que les ouvriers sont forcés de se soumettre, car ils sont affamés et doivent nourrir leurs femmes et leurs enfants. On donne même à entendre que, s'ils n'acceptaient pas le travail tout de suite, demain ils seraient morts et enterrés.

Or cet argument ne résiste pas à l'objection des grèves. Puisqu'ils font facilement grève, les ouvriers ne sont pas si affamés que cela. La réfutation est complète. Ajoutons que bon nombre d'ouvriers ont des économies à la caisse d'épargne. Tous les célibataires devraient en avoir, car ils le peuvent, c'est reconnu par les socialistes les plus avancés. Oui, reconnu. En effet, les socialistes disent que l'ouvrier ne peut pas faire des économies, car il ne gagne que juste de quoi vivre avec sa famille et d'élever ses enfants. Ils ajoutent : « Il faut bien que son salaire suffise à l'entretien d'une famille, car sans cela la classe ouvrière serait bientôt éteinte ; il n'y aurait plus de travailleur manuel ». L'ouvrier, cependant, ne vient pas au monde tout marié, il reste, devenu adulte, pendant quelques années célibataire, et pendant ces années il peut et doit mettre de côté, ou il manque à ses devoirs envers lui et les siens,... envers sa profession et sa patrie. Et l'ouvrier économise en effet, il peut se marier et il se multiplie visiblement. L'argument de la misère n'est donc qu'une machine de guerre peu efficace, c'est une poudre avec beaucoup de fumée et peu de force.

Nous allons maintenant aborder les arguments scientifiques, ils ne manquent pas d'ingéniosité ; mais quelle est leur valeur réelle ?

CHAPITRE XI

COMMENT ON ARRIVE AUX CONCLUSIONS QUE L'ON VEUT (SUITE).

Avez-vous remarqué comment les jongleurs font leurs tours? — Ils commencent par énoncer le tour qui sera joué, puis ils se mettent à causer de choses et d'autres, le plus drôlement possible, pour distraire l'attention de leur public — c'est ce qu'on appelle faire un boniment, — et au moment propice ils disent : « Tenez, voici la muscade ». Le public distrait est tout étonné, n'ayant pas suivi le mouvement des doigts, il n'a pas saisi le truc. K. Marx fait de même : pour mieux suivre le mouvement de ses doigts, pardon, je voulais dire suivre son raisonnement, nous laisserons son boniment de côté (vous pouvez le lire, si le cœur vous en dit, dans *le Capital*, p. 80 et suiv.), je ne lui emprunterai que ses arguments, en les condensant.

Je vais même me montrer bon prince et admettre provisoirement sa théorie d'après laquelle la valeur d'un objet est égale au nombre d'heures qu'il a fallu employer pour le produire. Je viens de montrer (chap. VI) que cette évaluation est fausse, mais en admettant son point de départ, nous avons le droit d'être plus sévère pour la démonstration.

K. Marx suppose qu'un capitaliste ou patron a acheté, sur le marché, 10 livres de coton pour 10 shillings [1]. Veuillez remarquer, il « suppose » et c'est d'une série de suppositions qu'il tire ses conséquences. K. Marx suppose ensuite que l'usure des instruments causée par les opérations de la

1. Ces poids, mesures et monnaies sont ceux de l'Angleterre ; mais peu nous importe, il s'agit de proportions, de rapports entre deux choses. On peut mettre kilogrammes et francs si l'on veut.

filature revient à 2 shillings, ensemble 12 shillings. — Pour connaître la valeur des filés, il faudrait connaître encore le nombre d'heures employées pour transformer la matière brute (pour filer le coton). K. Marx l'évalue à six heures de travail, dont il suppose que le prix s'élève à 3 shillings. Cela fait 10 + 2 + 3 ou 15 shillings. — Il y a bien le fabricant qui s'est donné la peine d'acheter le coton, de préparer les instruments, d'appeler et d'installer les ouvriers, de vendre les filés et de rendre des services variés; mais K. Marx ne lui reconnaît aucun droit. Il se borne à le plaisanter, cela fait partie de son boniment.

Nous avons dit 15 shillings, en comptant les 3 shillings attribués aux six heures de travail. Mais pourquoi 3 shillings? — Transcrivons la réponse de K. Marx : « Si une « masse (un lingot) d'or de 12 shillings est « le produit de vingt-quatre heures de tra- « vail, il s'ensuit qu'il y a deux journées de « travail, réalisé dans les filés ». — Atten- tion aux gobelets de l'escamoteur! — On l'a vu, l'auteur dit si (c'est donc encore une supposition). — Mais s'il ne fallait pas vingt-quatre heures? Alors tout son système tomberait, le patron ne serait pas un exploiteur, la « révolution sociale » serait superflue, elle serait même un crime.

Mais il y a une seconde malice, c'est la supposition qu'une journée de travail est toujours de douze heures. Elle est au contraire rarement de douze heures; le plus souvent elle est de dix heures, pour quelques industries même de neuf heures et moins [1]. Mais admettons qu'il ait fallu une fois à un chercheur d'or deux journées de douze heures pour se procurer la valeur de 12 shillings, est-ce qu'il en sera de même pour tous les chercheurs d'or? Faisons une seconde concession, admettons *qu'en moyenne* on trouve 12 shillings d'or en deux fois douze heures, s'ensuivra-t-il qu'une journée de travail vaudra six shillings pour toutes les industries et dans l'univers entier?

[1] Cela résulte d'une enquête officielle récente.

Ces 6 shillings pour une journée de douze heures sont cependant regardés par K. Marx comme un résultat acquis, c'est-à-dire comme un fait démontré, prouvé. Ce n'est pourtant, on ne doit pas le perdre de vue, que le produit d'une supposition; il avait plu aussi à cet auteur de « supposer » qu'une demi-journée suffisait pour filer 10 livres de coton; s'il avait préféré « supposer » qu'il faut une journée entière, douze heures, alors il n'y aurait plus eu de théorie marxienne, plus d'exploitation de l'homme et plus de liquidation sociale, comme dans tel drame, si la femme adultère n'égarait pas la lettre de son amant, et que son mari ne la trouvât pas, il n'y aurait plus de pièce. K. Marx a donc été très habile, d'une part, de conclure à une journée normale de douze heures, et, de l'autre, de n'accorder que six heures pour filer 10 livres de coton.

Ces six heures vont jouer un autre rôle encore; il suffit pour cela que K. Marx présente une nouvelle supposition. Il suppose donc que n'importe quel ouvrier, dans n'importe quelle profession, peut gagner en six heures sa subsistance et celle de sa famille; si la journée de douze heures est évaluée à 6 shillings, la demi-journée n'en peut valoir que 3. Il suffirait donc de gagner 3 shillings pour entretenir une famille. — Or, dire que 3 shillings suffisent pour entretenir une famille, c'est dire que 3 shillings sont les frais de production d'une journée de travail, et comme, selon K. Marx, un objet ne vaut que ce qu'il a coûté à produire, la journée de travail ne devrait coûter que 3 shillings (valeur d'échange) [1].

1. K. Marx est un auteur difficile à comprendre et bien que sa pensée se trouve éclaircie par les développements dans lesquels nous entrons au chapitre XII, page 87, nous croyons devoir donner dès maintenant l'explication qui suit. A l'exemple des économistes qui admettent deux sortes de valeurs, la valeur d'échange (prix) et la valeur d'usage (utilité), le savant socialiste croit devoir distinguer deux prix de la journée : 1° le prix auquel la journée revient à l'ouvrier (valeur d'échange), c'est ce que coûte sa nourriture et celle de sa famille, somme qu'il est censé pouvoir gagner en 6 heures; 2° le gain que l'ouvrier pourrait faire, si on lui payait tout le temps qu'il est en état de consacrer au travail, c'est-à-dire 12 heures (valeur d'usage ou utile). Le prix de revient des 12 heures est censé être de 3 schillings que l'ouvrier est censé gagner en 6 heures, tandis que le prix de vente de la journée

Les socialistes ne doivent pas savoir
gré à K. Marx de n'évaluer la journée qu'à
3 shillings (ou 3 fr. 75),... c'est la somme
strictement nécessaire pour vivre [1]. Il est
vrai que dans ce système le travail ne dure
que six heures, mais c'est là une compensation d'une nature quelque peu douteuse.

Pour nous servir d'une expression que
K. Marx emploie à un autre endroit, 3 shillings représentent la valeur d'échange d'une
journée de travail. D'après cette théorie, si
l'on demande à un ouvrier : « Combien vaut
la journée de travail? » il doit répondre :
« 3 shillings »,en sous-entendant six heures ;
il ne doit pas demander davantage et on ne
doit pas lui offrir davantage, car toute chose
a la valeur de ses frais de production ; et

devrait être de 6 shillings, valeur des objets qu'on
peut produire en 12 heures. — Tous ces chiffres sont
des suppositions gratuites, tout à fait en l'air; ima-
ginés pour le besoin de la démonstration, ils n'ont
rien de réel et ne peuvent rien prouver.

1. C'est trop peu, même d'après les théories admises
par des socialistes avérés comme Lassalle. Lui aussi
reconnaît que le minimum ne descend pas au-dessous
de ce qui est nécessaire pour vivre selon les habitudes
prises dans le pays, le luxe compris, par exemple :
pain blanc, tabac, petit verre, etc.

3 shillings par jour suffisent pour produire et entretenir une famille d'ouvrier. Encore une fois, six heures de travail pour 3 shillings, c'est, selon K. Marx, la valeur d'échange (prix du marché) d'une journée de travail [1].

Mais nous parlions d'une journée de douze heures? — Respirons d'abord, et commençons un nouveau chapitre.

---

1. Il n'est pas permis de se dire socialiste (ouvrier-socialiste ou bourgeois-socialiste) sans avoir bien compris la distinction faite entre la journée de 3 shillings et la journée de 6 shillings.

CHAPITRE XII

COMMENT, FAUTE DE PREUVES, ON SE CON-
TENTE D'ASSERTIONS HARDIES

Il a été question dans le chapitre précédent d'une journée de douze heures valant
6 shillings et d'une journée de six heures
valant 3 shillings et dans ce double énoncé
rien ne nous a choqué, malgré les assertions
risquées que nous y avons trouvées, comme
celle-ci : six heures de travail suffisent
pour qu'un ouvrier gagne de quoi entretenir
lui et sa famille. Nous avons bien pensé que
le nombre d'heures nécessaires pour gagner
sa vie différait selon l'industrie, selon la
force et l'habileté de l'ouvrier, et selon une

foule d'autres circonstances qu'il est super-flu d'énumérer; mais l'auteur se bornait, on se le rappelle, à émettre des suppositions, et nous étions tenus d'attendre l'emploi qu'il en ferait, quitte à intervenir pour arrêter l'abus. Eh bien, vous allez voir, l'abus est flagrant.

K. Marx commence par donner aux deux journées des noms différents : il appelle la journée de six heures *valeur d'échange*, et la journée de douze heures *valeur d'usage*. Le fabricant est supposé dire aux ouvriers : « Je vous achète une journée de travail, quel en est le prix? » — Les ouvriers répondent tout bonnement, ou tout bêtement : « 3 shillings », car ils vendent la journée au prix coûtant (K. Marx les suppose donc bien bêtes). — Le fabricant dit : « C'est bien, entrez dans l'atelier ». Au bout de six heures, les ouvriers ramassent leurs outils et font mine de s'en aller. Le fabricant regarde le produit de leur travail de six heures et se dit : « Ces produits, je ne les vendrai que 3 shillings,... et mon bénéfice? Je me serais donc donné tout ce mal pour rien ? » Il se frappe le front (j'imite un peu le boniment de K. Marx) : « Que je suis bête ! j'ai acheté leur journée, je puis en user jusqu'au bout ». — Et, s'adressant aux ouvriers, il dit : « Vous ne pouvez pas encore vous en aller, il faut travailler douze heures pour 3 shillings ; j'ai acheté *la journée*, elle renferme douze heures qu'on peut utiliser pour le travail. »

Et les ouvriers, reconnaissant tout bonnement et tout stupidement la valeur de cet argument extraordinaire, restent et travaillent douze heures, mécontents intérieurement, peut-être, mais sans se plaindre. Cela paraît tout à fait incroyable, aussi pour que vous ne m'accusiez pas d'avoir mal lu vais-je reproduire un passage du livre de K. Marx, *le Capital*, p. 82-83. Il dit :

« En effet, le vendeur de la force de tra-
« vail (l'ouvrier), comme le vendeur de
« toute autre marchandise, en réalise la
« valeur échangeable et en aliène la valeur
« usuelle. Il ne saurait obtenir l'une sans

« donner l'autre. La valeur d'usage de la
« force de travail, c'est-à-dire le travail,
« n'appartient pas plus au vendeur que
« n'appartient à l'épicier la valeur d'usage
« de l'huile vendue. L'homme aux écus a
« payé la valeur journalière de la force de
« travail, son usage pendant le jour, le
« travail d'une journée entière lui appar-
« tient donc. Que l'entretien journalier de
« cette force ne coûte qu'une demi-journée
« de travail, bien qu'elle puisse opérer ou
« travailler pendant la journée entière,
« c'est-à-dire que la valeur créée par son
« usage pendant un jour (de douze heures)
« soit le double de sa propre valeur journa-
« lière (gagné en six heures), c'est là une
« chance particulièrement bonne pour l'ache-
« teur, mais qui ne lèse en rien le droit du
« vendeur. »

Vous paraît-il, cher lecteur, que les
ouvriers seront de cet avis? Le raisonnement de K. Marx est au fond celui-ci : De
même qu'en achetant de l'huile chez l'épicier (voyez ci-dessus), une fois que je l'ai

payée je puis en faire ce que je veux et si j'en fais un usage qui me rapporte deux francs (pour *un* que l'huile m'a coûté) tant mieux pour moi (l'huile ne réclamera pas); de même, une fois que j'ai payé à l'ouvrier les 3 shillings qu'il a dépensés pour son entretien [1] cet ouvrier m'appartient pendant vingt-quatre heures et je puis le faire travailler douze heures. — Une petite observation en passant : puisque les 3 shillings sont censés suffire pour l'entretien de « la famille », il est étonnant que K. Marx n'ait pas dit que le fabricant peut se servir de l'ouvrier, et, en outre, de sa femme et de ses enfants. C'est une conséquence logique de sa singulière théorie.

Notre auteur affecte de mettre un homme qui a de l'intelligence et de la volonté sur le même rang qu'on objet inerte, comme l'huile. Comme si l'ouvrier ne débattait pas ses intérêts avec le fabricant et lui disait : « Vous me demandez ce que me coûte mon

1. N'oublions pas que ce chiffre de 3 shillings est purement imaginaire, c'est une « supposition ».

entretien? Cela ne vous regarde pas. C'est moi qui vous demande combien mes services valent pour vous. Si ce que vous m'offrez me paraît égal au maximum de ce que je puis obtenir, je vous cède mon travail; sinon, non. »

La distinction faite par Marx entre le prix courant du travail et l'utilité possible du travail n'existe pas, elle est purement imaginaire. C'est *toujours* l'utilité qu'on achète, par conséquent qu'on (que l'autre) vend, et l'on cherche toujours à se faire payer au plus haut prix possible l'utilité qu'on vend. Le fabricant aussi achète une utilité, le travail, et il l'achète à sa valeur, et la valeur marchande d'une utilité varie selon l'abondance de cette dernière. Quand la récolte est bonne, le blé est à bon marché; quand la récolte est mauvaise, le blé est cher.

Pour qu'on puisse accepter le raisonnement et surtout les conclusions de K. Marx, savoir : que le fabricant ne paye qu'une partie du travail de l'ouvrier, il faut tenir pour des réalités vraies toute une série de suppositions, par exemple :

Qu'un ouvrier gagnera toujours son entretien et celui de sa famille en six heures ;

Que l'ouvrier est résigné d'avance à ne gagner que strictement l'entretien ;

Que l'ouvrier, ayant cru vendre six heures de travail, en donnera le double ;

Qu'en donnant deux noms différents à une même chose, cette même chose prend deux natures, elle sera tantôt souris, tantôt oiseau, selon le côté qu'on envisage.

Mais n'insistons pas ; il en a été dit assez pour montrer que cette argumentation est purement sophistique, c'est une jonglerie avec des mots. En réalité, peu d'hommes, ouvriers ou autres, se laissent exploiter [1], et les fabricants sont loin d'être toujours riches ou heureux. Plus d'un voit mal récompensé un travail bien autrement long et pénible que celui des ouvriers qu'il

1. Si ce n'est par des « langues bien pendues ».

emploie, et quand le sort lui est contraire (ou qu'il est incapable) et fait faillite, il perd sa fortune et souvent son honneur, tandis que l'ouvrier a touché intégralement le salaire convenu et entre dans un autre atelier.

CHAPITRE XIII

LA LOI D'AIRAIN

« La loi d'airain » est un mot de Lassalle, un agitateur allemand bien connu. C'était un vrai tribun, puissant par sa parole vibrante et l'art avec lequel il savait présenter ses sophismes. Il s'agissait pour lui d'exciter et d'exploiter le mécontentement des ouvriers, afin de les grouper autour de lui et d'en faire les instruments de son influence. C'est pour cette raison qu'il s'efforçait de les constituer en parti politique, et son moyen consistait à dire : non seulement vous êtes malheureux, mais vous le resterez toujours, c'est une loi d'airain !

On trompe très aisément des gens qui ne demandent pas mieux que d'être trompés. La loi d'airain? Mais existe-t-il une loi naturelle qui ne soit pas d'airain, c'est-à-dire *solide*, ou qui ne s'accomplisse toujours quand les conditions nécessaires se réunissent? Mais : « la loi d'airain! » cela fait de l'effet sur les esprits simples. Le langage vulgaire use fréquemment de ce moyen de renforcer le sens; au lieu de dire : un peu, il emploie l'expression : un petit peu, au besoin même : un tout petit peu! — Une loi d'*airain*, voilà!

Un second moyen de renforcer l'effet que Lassalle voulait produire, c'était de prendre des airs savants et de citer le célèbre économiste anglais Ricardo, il aurait cité l'illustre Turgot, s'il avait su qu'il a fait une observation analogue. Or Ricardo a seulement constaté, comme vous et moi et tout le monde, les ouvriers compris — surtout les ouvriers, — que, dans chaque industrie, les salaires baissent quand les bras sont surabondants et s'élèvent quand

ils deviennent rares. Seulement Ricardo
croit avoir observé que lorsque la rareté
des bras fait hausser les salaires, les
ouvriers s'empressent de se multiplier;
bientôt leur nombre s'accroît, ils se font
concurrence, les salaires baissent de plus en
plus et la population tombe dans la misère;
la souffrance cause la diminution des bras,
par suite les salaires remontent et l'évo-
lution recommence. Ricardo voulait seulement dire que les ouvriers sont imprévoyants, et rien de plus; mais c'est assez.

Citons les termes mêmes dont s'est servi
Lassalle [1] : « La loi d'airain économique
qui, sous le régime de l'offre et de la
demande, règle les salaires, se formule
ainsi : Le salaire moyen [2] ne dépasse jamais
ce qui est indispensable, *conformément aux
habitudes nationales*, pour entretenir l'existence des ouvriers et continuer leur race.

1. C'est la traduction que j'ai donnée dans mon
ouvrage : *les Progrès de la science économique*, etc. Paris,
Guillaumin, 1890, t. II, p. 277.
2. Ricardo pense au salaire moyen du manouvrier,
du terrassier. Le travail plus relevé est mieux payé.

7

C'est autour de ce point qu'oscille le salaire, sans jamais longtemps s'élever au-dessus ou s'abaisser au-dessous. Il ne peut pas s'élever d'une manière durable au-dessus de cette moyenne, parce que, avec une sensible amélioration de la situation des ouvriers, le nombre des mariages augmente et la population ouvrière se multiplie, ce qui fait affluer l'offre de travail et baisser le salaire jusqu'à son niveau antérieur et au-dessous.... La limitation du salaire moyen aux subsistances que les habitudes populaires ont rendues indispensables à l'existence de l'ouvrier et de sa famille, voilà, je le répète, la cruelle loi d'airain qui règle aujourd'hui les salaires. »

Ainsi a été formulée l'accusation portée contre la société (quand on est très mécontent on dit : « la société bourgeoise »); nous allons examiner ensemble ce que vaut cette accusation. En premier lieu, quant à ce fait que les choses abondantes, objets, services, marchandises sont à bon marché et les choses rares chères, personne n'y peut

rien; le socialisme, si jamais il pouvait
s'organiser, devrait se soumettre à la loi
naturelle de l'offre et de la demande. Cela
lui répugne, je le sais bien, mais c'est la
nature; des évêques ont prêché contre
l'offre et la demande, mais cela n'a servi
à rien, car c'est la nature; ni tribuns, ni
philanthropes, ni hommes d'État n'y peuvent rien, la nature se rit d'eux. Et l'on a
très bien fait comprendre avec preuve à
l'appui pourquoi ce qui est abondant ne
peut qu'être à bon marché... sous tous les
régimes quelconques.

S'il en est ainsi, qu'est-ce qu'il faut faire?
Tout simplement agir en conséquence.
Quand on sait que si l'on touche au feu
on se brûle, et qu'on ne veut pas se brûler,
on ne touche pas au feu,... mon voisin
Grandpierre dit : c'est simple comme bon-
jour. Ou pour être plus clair : on n'a qu'à
se marier un peu plus tard, je suppose à
vingt-huit ou trente ans au lieu d'à vingt-
cinq ans. Si on ne le fait pas, à qui la
faute? On a l'air de dire : à l'offre et à la

demande. C'est en réalité à l'ouvrier qui ne sait pas se gouverner que le reproche devrait s'adresser, tandis que Lassalle leur dit tout bonnement : Il est naturel que vous soyez irréfléchis et imprévoyants.

Pas si naturel que cela! C'est seulement quand on vous écoute, citoyen agitateur, qu'on est irréfléchi et imprévoyant, ou plutôt qu'on le devient.

Il est une deuxième objection sur laquelle on n'a pas assez insisté. Turgot et Ricardo ont dit, et Lassalle n'a pas pu s'empêcher de le répéter, que le plus bas salaire doit encore suffire pour qu'on vive selon les habitudes nationales. Vous comprenez ce que cela veut dire? Les nations font des progrès, et ces progrès exercent une influence générale; ils réagissent jusque sur le bien-être des moins heureux parmi les membres de la nation. N'avez-vous pas lu que la puissante reine d'Angleterre Élisabeth (morte en 1603) ne possédait que deux paires de bas? Qui n'en a pas autant aujourd'hui? Je ne sais pas si Charlemagne

— c'est de l'empereur de France et d'Allemagne réunies que je parle — avait une chemise; on a inventé les chemises plus tard, si je ne me trompe. Est-ce que la filature et le tissage à vapeur n'ont pas mis bien des tissus chauds et même élégants à la portée des plus petites bourses [1]?

De même, en beaucoup d'endroits, le pain blanc a remplacé le pain noir, et le transport du blé par bateau à vapeur est devenu si peu coûteux, qu'il n'y a plus de disette; vous savez bien que ce sont les pauvres qui souffraient le plus d'une famine. Je pour-

1. Des agitateurs se sont appliqués à répandre une erreur ainsi formulée : les riches deviennent de plus en plus riches, les pauvres de plus en plus pauvres. Cela n'est pas vrai. Quand les richesses augmentent, tout le monde en a sa part. Les parts, sans doute, ne sont pas égales, c'est une vieille histoire, et surtout une *autre* histoire, mais l'inégalité est un effet de la nature. Est-ce que les contes ne font pas épouser la *belle* bergère par un prince, et la *laide* tout au plus par un berger? Les statistiques par lesquelles on a voulu prouver la thèse ci-dessus ont été quelque peu violentées. Dans quelques cas, on a montré que le sort du pauvre ne s'améliore pas aussi vite que celui du riche. Au lieu de constater ce fait on met, pour faire de l'effet : le pauvre devient plus pauvre. On prend aussi l'habitude de dire : « la dépopulation de la France » pour indiquer que son accroissement est très lent.

rais en dire encore long sur ce point, on l'a fait avant moi ; aussi dois-je me borner à constater que les malheureux d'aujourd'hui le sont beaucoup moins que ceux d'autrefois, et qu'il est, à notre époque, plus facile de se tirer d'affaire, pourvu qu'on ait les qualités nécessaires : qu'on soit laborieux et économe, ou, ce qui revient au même, qu'on soit prévoyant.

CHAPITRE XIV

COMME QUOI LA LOI D'AIRAIN N'EST PAS D'AIRAIN

Une chose est acquise : quand il y a surabondance de bras, les salaires baissent, mais s'ensuit-il que chaque augmentation du nombre des bras aura nécessairement pour effet une réduction du taux des salaires? Non, cette conséquence n'est pas forcée. Les bras sont ici l'offre, mais il y a encore la demande, ou comme on dit aussi : l'équation a deux termes. Par conséquent, si l'accroissement du nombre des ouvriers coïncide avec l'extension plus rapide encore de l'industrie, loin de diminuer, les salaires s'élèvent.

De cette coïncidence, nos pères en ont été, et nous en sommes encore les témoins émerveillés. A peu près en même temps que se prépare et éclate la grande révolution de 1789, qui exerça une si grande influence sur la France et même sur la plupart des pays civilisés, s'accomplit l'application de la vapeur à la production industrielle et provoque une révolution économique non moins profonde. Peu à peu l'humanité s'assujettit de puissantes forces naturelles, la physique, la chimie, la mécanique, toutes les sciences travaillent à l'envi au progrès. Les découvertes et les inventions se suivent sans se ressembler, mais en se complétant. Jusqu'aux placers (les champs aurifères et les mines d'or) qui viennent à point. Voire même le canal de Suez et les heureuses explorations dans l'Afrique centrale. Les machines, si décriées il y a une cinquantaine d'années, ont rendu d'incalculables services, elles ont permis à la population européenne de doubler, tout en voyant les salaires hausser, presque sans interruption.

Ainsi , les bras ont augmenté et les salaires ont haussé en même temps; la loi, telle qu'on la formule, n'est donc pas d'airain, parce qu'elle peut trouver son contrepoids dans une autre loi. Les choses sociales ne sont pas aussi simples que certaines personnes le croient; les influences qui s'y font sentir, tantôt se combinent dans le même sens, et tantôt se croisent et se neutralisent.

La loi prétendue d'airain est exposée à une autre objection encore, plus forte même que la précédente, du moins à certains égards. On a dit que les salaires élevés poussent les ouvriers au mariage et à la multiplication, mais c'est là une simple supposition en l'air. Il y a plutôt présomption du contraire, il n'est pas improbable que les ouvriers dans l'aisance désirent rendre leur bien-être plus solide et plus durable, en faisant des économies et en formant un capital.

C'est une observation fréquemment faite que les familles aisées ont moins souvent de nombreux enfants que des familles plus riches, mais surtout beaucoup moins souvent que les familles pauvres. On a cherché à expliquer le fait de plusieurs manières, soit par la volonté des époux, soit par l'effet d'une alimentation plus substantielle, soit autrement encore; mais quelle que soit la cause du phénomène, le fait est là.

Un de ses effets est de ralentir les progrès de la population. On avait d'abord pensé que la diminution du nombre des naissances était causée par la difficulté croissante de se faire une carrière, toutes les carrières étant encombrées. Mais cette difficulté, dans la mesure où elle existe, agit plutôt sur le nombre des mariages que sur le nombre des naissances; la diminution du nombre des naissances est plutôt influencée par le désir de ne pas voir se restreindre le bien-être de la famille par la trop grande multiplication de ceux qui peuvent en revendiquer leur part. A ce point de vue aussi, on peut donc contester la réalité de ce qu'on a appelé la loi d'airain.

Ainsi l'élévation des salaires ne cause pas nécessairement l'accroissement du nombre des bras, et l'effet de la multiplication du nombre des ouvriers peut être efficacement contre-balancé par celui de l'extension de l'industrie et par l'ensemble des causes de la prospérité d'un pays.... Il en est des sophismes et des fausses doctrines comme des spectres et des revenants qui effraient les naïfs. En y regardant de près, tout cela s'évanouit, disparaît.

La hausse des salaires étant un fait si patent qu'il est impossible de le nier, on a cherché à affaiblir l'effet moral de ce progrès en insistant sur la cherté croissante de la vie. La vie a renchéri, cela est vrai, mais elle est aussi devenue plus confortable, c'est une compensation. Voici un ouvrier qui autrefois gagnait 4 francs par jour et qui aujourd'hui travaille pour un salaire de 6 francs; mais si, à la première époque, il dépensait 4 francs et actuellement 6 francs, les adversaires en concluent en triomphant qu'il n'est pas plus avancé. C'est trop dire.

Ce qu'il achetait jadis pour 4 francs lui coûte maintenant 5 francs, mais le 6ᵉ franc est du bénéfice net, il a amélioré sa position d'autant : ou il porte ce franc à la caisse d'épargne, ou il l'emploie pour augmenter ses jouissances actuelles. Je crois qu'il ferait mieux d'économiser, de prévoir, mais il peut s'y refuser, c'est son droit; ce qu'il ne peut pas, s'il est loyal, c'est de soutenir qu'il n'a pas progressé.

Encore une observation avant de passer à un autre sujet. On croit que le bien-être dépend uniquement du montant des salaires; on se trompe de moitié, la recette n'est qu'un des termes de notre budget, il y a encore les dépenses. Or c'est surtout de la manière de dépenser notre argent que dépend notre prospérité. Cette vérité n'est pas assez appréciée, on ne parle que des salaires, des recettes; c'est sans doute un point important, mais on oublie que lorsque tous les salaires augmentent à la fois, ce mouvement enlève d'une main presque tout ce qu'il a donné de l'autre. Encore une fois, apprenons à dépenser raisonnablement — et à économiser parfois — si nous voulons tirer le plus grand avantage possible de nos revenus.

CHAPITRE XV

LA PROPRIÉTÉ

La propriété existe dans tous les pays plus ou moins civilisés; elle existe depuis les temps les plus reculés connus à l'histoire, elle se retrouve même, quoique moins développée, chez les sauvages; c'est donc un fait général, et pourtant la propriété a des adversaires. Il est vrai qu'on pourrait citer d'autres faits sociaux tout aussi répandus, ayant tout autant — au moins — de partisans, et qu'attaquent des minorités qui croient en souffrir. Pour n'en mentionner qu'un, et il est de premier ordre, celui-là, le mariage a des adversaires, et cela bien qu'il y ait le divorce.

Quand une institution a des adversaires, cela ne veut donc pas dire qu'elle soit absolument mauvaise, mais seulement que, comme dans toutes les choses humaines, elle a un côté faible, qu'elle n'est pas parfaite. Toute médaille, dit-on, a son revers, et comme on ne peut pas enlever le revers d'une médaille, il faut accepter les deux à la fois, c'est à prendre ou à laisser. Toutes les affaires terrestres étant dans ce cas, il n'y a qu'une chose à faire, c'est de peser les avantages d'une institution comparativement avec ses inconvénients et de ne garder que celles dont les avantages l'emportent; ce qui n'empêche pas de chercher à diminuer ou à atténuer les inconvénients qui s'y rattachent.

Que la propriété soit avantageuse à l'humanité, cela semble suffisamment ressortir du fait qu'on l'a trouvée de temps immémorial en Chine et dans l'Inde, chez les Assyriens, les Égyptiens, les Phéniciens, les Hébreux, les Grecs et les Romains, même en Amérique et qu'elle existe encore

aujourd'hui... partout. Nous en recherche-
rons tout à l'heure la raison; demandons-
nous d'abord quels sont les inconvénients
de la propriété. Je n'en vois que deux :
1° ce qui appartient à l'un, n'est pas en
même temps à la disposition de l'autre;
2° quand on a gâché, perdu, détruit sa propriété, on ne l'a plus. Voyez-vous ce château là-bas, je voudrais bien l'habiter, mais
il appartient à Pierre; voyez-vous ce beau
cheval, je voudrais bien le monter, mais il
appartient à Paul; voyez donc cette belle
pomme, Jacques y mord à belles dents, je
voudrais bien la croquer, mais elle ne peut
pas entrer dans deux bouches à la fois. Je
le vois maintenant, l'inconvénient est de
nature physique : où il y a un corps, un
solide, on ne peut pas en mettre un autre,
le même espace ne peut pas être occupé à
la fois par deux objets de la grandeur de
cet espace.

C'est précisément cette cause physique
qui a créé la propriété particulière, ou
plutôt, c'est une des circonstances qui en ont

provoqué la création. Pour être plus clair, distinguons tout de suite deux catégories de propriétés : la mobilière et l'immobilière. La propriété mobilière est incontestablement la plus ancienne. Le premier sauvage, soyons polis envers nos ancêtres et disons le premier homme, qui s'est fait une arme ou un instrument perfectionné, a dit : *ceci est moi* et s'en est réservé l'usage. Tous les autres hommes, jusqu'au plus civilisé, ont suivi cet exemple : ils ont voulu profiter de leur œuvre et éviter de la recommencer à chaque instant, — ce sont deux raisons différentes, également bonnes.

Voilà la propriété mobilière établie, elle rend à chacun de si grands services, que les hommes se sont entendus pour se protéger mutuellement dans sa possession. Ce point est tellement évident, qu'il est peu attaqué; cependant les socialistes revendiquent pour la « collectivité » (État ou Société) les choses mobilières qui peuvent servir d'instrument de production, ainsi que les matières premières, en un mot :

« les capitaux ». Ils réclament cela sans autre raison ni justice, que celles qui peuvent vous faire désirer le château de Pierre, le cheval de Paul, la pomme de Jacques mentionnés plus haut,... c'est que vous ne les avez pas.

Les objections contre la propriété immobilière *paraissent*, du moins à certaines personnes, plus sérieuses. La terre, disent les adversaires de la propriété immobilière, n'a pas été créée par votre travail [1], Dieu l'a mise à la disposition de tout le monde, elle appartient à la Société, il faut que chacun en ait sa part et puisse en jouir. C'est une pure phrase cela, et extrêmement creuse encore, qui ne fait aucun effet sur les gens qui réfléchissent. Si la terre, ou une grande partie de la terre, a été appropriée, c'est que l'appropriation est devenue une nécessité ; au surplus, ceux qui se mêlent

---

1. On a pourtant créé bien des terres cultivées sur les bords de la mer ou d'un marais, et même ailleurs. Informez-vous, par exemple, en Hollande comment on a fait les polders. Il y a aussi des polders en France, sans parler des landes.

de nous faire connaître les intentions de Dieu devraient savoir que la propriété foncière est reconnue légitime par les livres sacrés.

L'appropriation de la terre est devenue une nécessité, disions-nous. Dans les temps primitifs, lorsque les hommes étaient encore peu nombreux et vivaient de la chasse et de la pêche ou des fruits sauvages, la terre n'avait aucune valeur pour eux. Ils étaient généralement nomades, ne cultivaient pas le sol, et quand ils n'habitaient pas des cavernes, ils se construisaient des huttes en branchages, des « wigwames », qu'on renouvelait aisément en quelques heures, après un changement de domicile ou de campement. Lorsqu'on se mit à cultiver la terre, et d'une manière bien primitive encore, c'est-à-dire superficielle et imparfaite, c'était alors la tribu qui s'emparait d'un territoire et y faisait la part de chaque famille. Ces tribus ou peuplades étaient longtemps restées nomades, en ce sens qu'elles campaient un, deux, trois ans sur un terrain, en tiraient quelques récoltes, et poussaient ensuite plus loin leurs migrations. C'est comme cela que les Celtes et les Germains ont envahi l'Europe.

Quand les peuples songèrent à s'établir définitivement et qu'on se mit à planter des arbres, notamment des vignes, à construire des maisons solides, on dut rendre la possession moins précaire; on la transforma plus ou moins vite, d'une manière plus ou moins consciente, en propriété définitive avec tous les droits que la suite des temps et les progrès de l'organisation sociale y ont rattachés. Sans doute, c'est la tribu qui s'est primitivement emparée du territoire, c'est que l'individu n'émigrait pas seul à cette époque lointaine; d'ailleurs, la tribu faisait droit aux demandes de chacune des familles qui la composaient, rien ne s'y opposait; tout au contraire, on était ensemble, unis par les liens du sang mais aussi dans l'intérêt commun. On partagea, fixa les propriétés quand cela parut utile ou désirable [1].

1. Il est arrivé, même aux époques reculées, que des familles isolées s'emparèrent de terres sans maître dans

Tant qu'une tribu détenait un territoire, une autre pouvait-elle s'y mettre? Non, si ce n'est qu'après avoir massacré les habitants établis. C'est précisément parce que deux personnes, deux familles, deux tribus, deux peuples ne peuvent pas utiliser simultanément le même champ et en consommer les produits qu'on dut rendre la propriété exclusive, et naturellement au profit du premier occupant. La propriété dut aussi être perpétuelle, car dans bien des cas il faut être sûr qu'on la possédera pendant des années pour qu'on ne craigne pas de planter, de bâtir ou d'améliorer. On appropria donc un champ par prévoyance et par nécessité, et c'est pour régler les droits de propriété de chacun que se formèrent les coutumes, qu'on a transformées plus tard en lois.

Nous avons traité ailleurs [1] plus longue-

le voisinage d'une tribu amie. C'était la propriété individuelle à côté de la propriété collective. Il existe de nombreux documents sur ce point.

1. *Les Progrès de la science économique* (Paris, Guillaumin, 1890), 2 vol.

ment cette matière; nous allons indiquer ici seulement deux ou trois des *phrases* qu'on débite le plus souvent à titre d'argument. On dit : 1° la propriété n'a pas toujours existé; à l'origine des sociétés, le sol appartenait au village qui le répartissait périodiquement entre ses habitants. Qu'est-ce que cela prouve? — Que nous avons fait des progrès. — Les premiers hommes ne cachaient pas leur nudité et souvent s'entredévoraient; voulez-vous rétablir également ces deux coutumes-là? — On dit encore : 2° la propriété n'a pas toujours été acquise légitimement, il y a eu des abus et des violences. — C'est incontestable, mais est-ce une raison pour supprimer la propriété? L'autre jour on a pris un malfaiteur qui a tué un homme pour s'emparer de son argent, va-t-on en conclure que tout l'argent a été acquis par un crime? — On dit en outre : 3° quand un homme s'empare d'une chose, les autres n'en jouiront pas. — Aimeriez-vous mieux que personne ne s'en emparât et qu'on poussât la politesse jusqu'à laisser périr un bien? Et pour répondre à une autre objection : pourquoi le tard venu, ou les 3ᵉ, 4ᵉ, 5ᵉ venus auraient-ils plus de droit que le premier venu, le premier occupant?

Les détracteurs de la propriété foncière font semblant de croire que l'homme qui ne possède pas un champ et le cultive, est voué à la misère et doit mourir de faim. Ils ne veulent pas voir la *division du travail* qui fait de l'un un cultivateur, de l'autre un médecin, d'autres encore des maçons, des menuisiers, des cordonniers, des tailleurs, des commerçants, etc., etc., et cela pour le plus grand bien de la société ou de l'humanité. Si la division du travail n'était pas intervenue, si chacun vivait encore du produit de son labourage et de son pâturage, il est probable que le beau pays de la France ne nourrirait aujourd'hui, au lieu de 38 millions, que 4 millions d'habitants, comme la Gaule à l'époque où Vercingétorix la défendait contre César.

En somme, les objections contre la propriété ne sont que des phrases destinées à faire de l'effet, à « ébouriffer » les naïfs; parfois, hélas! on s'applique ainsi à imaginer des théories destinées à flatter les mauvaises passions de l'homme.

J'avais l'intention, en abordant ce chapitre, de montrer combien était futile l'argumentation de Proudhon dans la fameuse brochure : *La propriété, c'est le vol*; cette argumentation est un mélange de sophismes, de subtilités et de niaiseries en beau style. J'ai relu le travail dans cette intention, mais je renonce à la réfutation car il faudrait trop d'espace. Pour faire passer une erreur, les sophistes doivent l'entourer de beaucoup de mots (d'un boniment),... qu'il faut reproduire pour les réfuter. Pour faire connaître les procédés de raisonnement employés par Proudhon, un seul petit exemple suffira (*OEuvres*, t. I, p. 49). Voici le passage :

« .... M. J. Dutens conclut par ces deux propositions générales : 1° la propriété est dans tout homme un droit naturel et inaliénable; 2° l'inégalité des propriétés est un résultat nécessaire de la nature; lesquelles propositions (ajoute Proudhon) se convertissent en cette autre plus simple : Tous les hommes ont un droit égal de propriété inégale.... » Dutens a simplement dit : Tous les hommes ont droit à la propriété [1], mais la nature a diversement doué les hommes; les uns ont obtenu beaucoup de qualités ou de forces, les autres peu; c'est comme si Dutens avait dit : Tout homme peut soulever un poids : l'un soulève 100 kilogrammes, un autre 50, d'autres encore seulement 20 ou 10 kilogrammes. L'inégalité des capacités explique l'inégalité des résultats.

1. Proudhon ignorait peut-être qu'il y a des pays où certaines catégories de la population sont *légalement* exclues de la propriété. Il en existe encore aujourd'hui. C'est à ces lois barbares que les publicistes libéraux et les moralistes en veulent en disant que chacun a droit à la propriété.

CHAPITRE XVI

LE CAPITAL

Dans la pratique, pour le banquier, le commerçant, le mot capital signifie : une somme d'argent employée, ou à mettre, dans les affaires. Ceux qui étudient les affaires d'une manière scientifique, par exemple les économistes, définissent le capital par : « les moyens de production », comprenant les locaux, les machines et instruments, les matières premières et les avances de toutes sortes qu'il peut être nécessaire de faire, soit sous la forme de monnaie, soit en nature. La définition de la science n'est pas si éloignée qu'on pourrait le croire des usages du langage vulgaire, car quand on commence une affaire, on s'y prépare en réunissant avant tout les moyens de se procurer les choses nécessaires, quelles qu'elles soient. « Le capital » est donc une manière de s'exprimer brièvement, une manière « abstraite », si l'on veut; c'est un mot qui embrasse tout ce qu'il faut pour produire.

C'est parce que le capital, depuis plusieurs milliers d'années, prend souvent, mais seulement jusqu'à ce qu'on l'emploie, la forme de monnaies (de numéraire, d'argent, de billets de banque, même), qu'on s'est mis à soutenir cette absurdité CHAQUE JOUR DÉMENTIE PAR LES FAITS,... et cela au su et à la vue de tout le monde, que l'argent — ou le capital — (on se servait indifféremment d'un de ces deux mots) ne produisait rien. Ceux qui parlaient ainsi ne connaissaient que les prêts faits par des gens riches à des gens pauvres (ou aussi à des prodigues), lesquels employaient cet argent pour leurs besoins journaliers, qui le consommaient et détruisaient ainsi le capital qu'il représentait. Il est parfaitement naturel que des gens qui avaient détruit un capital, ne pouvaient pas le rendre; ils ne pouvaient pas, non plus, donner au prêteur — sous le nom d'intérêts — une part des bénéfices faits avec ce capital, puisqu'ils ne l'avaient pas fait travailler. Celui qui ne met pas la semence en terre, ne peut en récolter le fruit.

Avec cela, dans les temps barbares où commence l'histoire de l'humanité, on traitait très durement les débiteurs, on leur demandait aussi des intérêts exorbitants, car on ne se rendait pas encore compte de la nature des choses. Les témoins des mauvais traitements subis par le débiteur prirent volontiers parti pour lui, sans bien approfondir les causes et les effets, sans aller au fond des choses, et pendant longtemps le fait de prêter à intérêts, était mal vu, même lorsque les intérêts étaient modérés.

Peu à peu, le commerce et l'industrie se développèrent et prirent une grande extension. Il arriva fréquemment qu'on plaça ses économies chez des gens qui s'occupaient d'affaires, les uns s'associaient au commerçant ou fabricant et reçurent une part proportionnelle des gains, en courant le risque des pertes ; les autres ne voulaient rien risquer ; ils prêtèrent simplement leur capital en se contentant d'un loyer fixe moins élevé que le gain possible ; ce loyer, appelé intérêt, prit la forme de : tant pour 100 par an (tant de revenu pour 100 de capital).

Ce n'était plus prêter de l'argent à des gens oisifs qui le mangeaient, mais à des travailleurs qui savaient le faire fructifier. Avec l'argent emprunté, l'un achetait un pré et une vache et vendait le lait, le beurre, le fromage ; l'autre, un chariot et deux chevaux avec lesquels il transportait des marchandises ; l'autre, une machine qui lui permettait de produire dix ou cent fois autant qu'auparavant. Les emplois utiles ou productifs d'un capital condensé sous la forme de numéraire étant innombrables, je ne continue pas cette fastidieuse énumération ; on comprend, du reste, qu'on soutint depuis lors de moins en moins souvent que

« l'argent est stérile ». S'exprimer ainsi, c'était d'ailleurs une manière perfide de parler en adversaire, car ce n'est pas sous la forme *argent* que le capital travaille matériellement, ce n'est qu'après avoir été transformé en instruments et en matières premières.

On a cependant soutenu jusqu'à nos jours la gratuité du crédit, mais par des raisons qui sont si singulières qu'on ne peut pas les prendre au sérieux; il en sera question plus loin, dans le chapitre consacré au crédit. En attendant, revenons au capital, car il reste encore à offrir au lecteur une définition de ce mot, celle de K. Marx.

Pour cet apôtre du socialisme, le capital est une somme d'argent avec laquelle on achète des marchandises pour les revendre, ou aussi une somme d'argent qu'on emploie pour faire travailler des ouvriers. Vous êtes, je suppose, un habile et laborieux ouvrier gagnant 5 francs par jour et n'en dépensant que 3, ce qui vous permet d'en mettre 2 de côté. Au bout de quelques mois vous avez réuni 100 francs, et avec cette somme vous achetez un instrument qui vous met en état de gagner 10 francs par jour. Tant que vous vous servez vous-même de cet outil, K. Marx l'appelle : instrument de travail; mais supposons que, pendant un certain temps, vous ayez à vous occuper autrement qu'à votre métier — par exemple vous avez votre service militaire à faire — et que vous louiez votre outil perfectionné à un camarade — auquel il produira 5 francs par jour en sus de son salaire ordinaire, — sous la condition qu'il vous paye 1 franc par jour de location,.... l'instrument que vous avez acheté avec vos économies sera devenu un capital.

Pour les économistes qui étudient les questions de production sans parti pris, l'outil est un capital, qu'il serve directement à son propriétaire, s'il travaille de ses mains, ou qu'il le passe à d'autres mains et se fasse donner une part dans les avantages que cet outil produit. Pour K. Marx et les socialistes qui ont adopté ses doctrines, la justice demande que l'ouvrier qui emploie avec profit l'outil perfectionné de son camarade, garde ce profit pour lui, et n'en donne rien à celui qui le lui procure, tandis qu'il serait injuste de la part du propriétaire de l'outil de se faire payer un loyer.

Pourquoi ces deux poids et deux mesures? Celui qui s'est privé pour économiser n'aurait rien et celui qui n'a pas eu ce mérite serait récompensé pour avoir manqué de prévoyance? Pierre a bien répondu lors de l'examen et c'est Paul qui recevrait le diplôme? Quelle singulière justice!

En définissant le capital d'une manière si inexacte, K. Marx pense à la théorie qu'il a inventée — nous l'avons exposée aux chapitres XIII et XIV — et d'après laquelle le fabricant ferait travailler les ouvriers douze heures et n'en payerait que six, gardant le produit des six autres heures, des heures qu'il est censé avoir eues pour rien.... Ce serait à faire travailler les ouvriers sous d'aussi mauvaises conditions que le capital servirait. K. Marx dit même que le fabricant peut être en lui-même un brave homme; ce n'est pas sa faute s'il fait travailler les hommes douze heures pour six, le capitaliste ne peut pas faire autrement, c'est dans la nature des choses. Et il y a des hommes qui gobent cela et prétendent, par-dessus le marché, être plus intelligents que les autres, le commun des martyrs! Ils ignorent que K. Marx voudrait établir le communisme, il l'a pourtant fait savoir au public par un solennel *Manifeste*.

Mais ce qui est le plus joli, quand on démontre à tel disciple de K. Marx, que je pourrais nommer, que ces définitions sont absurdes, que le capital rend trop de services pour l'accabler sous le mépris, ce disciple s'écrie : Que nous parlez-vous de mépris versé sur le capital! Nous ne voulons nullement supprimer le capital, nous en reconnaissons pleinement l'importance, nous le réclamons seulement au profit de l'État (ou de la Société). Nous voulons seulement l'enlever aux particuliers : Ote-toi de là que je m'y mette! — Quelle bonne raison. — Qui est-ce, ou plutôt qui sera l'État? Ce sont naturellement ceux qui auraient réussi à s'emparer des capitaux. — Et que fera-t-on quand le propriétaire collectif, dit État, ou Société, aura laissé dépérir les capitaux faute de soins, car on ne soigne guère ce qu'on s'est procuré si aisément? Eh bien! on retombera dans la barbarie, X..., Y... et Z... auront eu le temps d'être ministres,... ne serait-ce qu'un jour chacun; après eux le déluge!

CHAPITRE XVII

L'ENTREPRENEUR

Qu'est-ce qu'un entrepreneur? — Ce n'est pas seulement, comme croit le vulgaire, celui qui se charge de l'exécution d'une route, d'un pont ou d'un autre travail public, c'est celui qui prend l'initiative d'une affaire, la dirige et en court les risques. Tous les patrons, grands ou petits, sont des entrepreneurs. Il n'est pas besoin d'avoir des aides pour être entrepreneur, on peut l'être sans occuper un seul ouvrier; il suffit de courir les chances de l'affaire.

K. Marx, et d'autres avec ou après lui,

se servent le plus souvent du terme de capitaliste au lieu d'entrepreneur. C'est dans une certaine mesure peut-être une habitude qu'il a prise en Angleterre, mais c'est aussi de la tactique : la double qualité de capitaliste et d'entrepreneur attribuée au patron ou « employeur » semble permettre de le frapper à coups redoublés. Faisons remarquer en passant que le mot employeur n'a, ni en anglais, ni en allemand, un sens défavorable, c'est un mot neutre, qui se borne à constater un fait, sans le juger. On s'en sert pour éviter le mot patron, nous ne savons trop pourquoi; le mot employeur, donneur de travail en dit autant. Le mot « entrepreneur » semble encore le plus usité en ce moment.

Les circonstances qui peuvent amener un homme à devenir entrepreneur, ou à s'associer à une entreprise, sont de la plus grande variété; choisissons le cas d'un inventeur. Pierre a inventé un objet utile pour lequel on peut supposer qu'il y a des amateurs, mais comme beaucoup d'inventeurs, il n'a pas le sou. Accordons-lui cependant — pour simplifier — cent francs afin qu'il puisse prendre un brevet et en payer la première annuité. Son premier souci consistera à se procurer les capitaux nécessaires à l'entreprise; il peut trouver un associé, un commanditaire ou former une Société par actions, en commandite ou anonyme. En pareil cas on ne fait pas toujours ce que l'on veut; la grandeur de la somme nécessaire a d'ailleurs son influence sur la décision à prendre.

Le capital est souscrit. Nous supposons que l'inventeur veuille lui-même diriger la fabrication et la vente de son produit — ce qui n'est pas toujours le cas, — mais ce qui est de rigueur pour que l'inventeur soit entrepreneur. Il a donc à organiser la fabrique, la garnir d'instruments et de matières premières, réunir des travailleurs et, dès qu'il a des produits, faire tous ses efforts pour les vendre. Dans une fabrique la vente est le premier des soucis, il prime tout; c'est pour vendre qu'on fabrique.

L'ignoriez-vous? Il y a tant de gens qui raisonnent comme s'ils l'ignoraient!

Au bout de l'année on fait un inventaire. Voulez-vous que nous mettions des chiffres, ce sera un moyen d'être plus clair? Supposons que le capital soit d'un million, mille actions (parts égales) de 1 000 francs. On peut ne pas accorder d'intérêt fixe aux actionnaires et convenir qu'ils n'auront que des dividendes proportionnels aux bénéfices; dans ce cas-là, les actionnaires sont de purs entrepreneurs, ils courent complètement les chances de l'affaire. Le plus souvent peut-être ils reçoivent d'abord un intérêt — mettons 4 pour 100 — et alors à titre de prime, mais également sous le nom de dividendes, une part dans les bénéfices. Si les actionnaires ont demandé un intérêt fixe, ils ont voulu jouer surtout le rôle de capitalistes : toutefois ils n'auront d'intérêts que s'il y a des bénéfices, ce qui prouve que la nature des choses est plus forte que les conventions.

Une parenthèse : dans de grandes Compagnies, à côté des actions, il y a souvent des obligations. Ce sont des dettes. Les emprunts sont émis sous forme d'obligations. Ceux qui les prennent en en versant le montant, sont des créanciers de la Compagnie, on les appelle *obligataires*. Ils sont purement capitalistes. Que les affaires aillent bien ou mal, ils ont toujours le même chiffre d'intérêts. Ils sont payés, et en cas de faillite, désintéressés avant les actionnaires, dussent ces derniers perdre leur capital. Fermons la parenthèse.

Comment paye-t-on l'inventeur? Cela est très varié. On peut lui donner une somme fixe pour son invention (quand il ne veut pas l'exploiter lui-même); le plus souvent on lui donne un certain nombre d'actions *libérées* (c'est-à-dire, le versement des fonds est remplacé par l'apport de son brevet); d'autres fois on lui accorde, sous une autre forme, une part dans les bénéfices. Mais nous avons vu qu'il peut ne pas avoir le sou; en pareil cas, il doit toucher tant par mois, mettons 1 000 francs, car il faut vivre.

Ces 12 000 francs par an peuvent être une
simple avance sur sa part des bénéfices,
ils peuvent aussi constituer une indemnité
pour son travail journalier sous forme de
traitement. Celui-ci remplace les jetons de
présence qu'on alloue aux administrateurs
(au conseil d'administration). Le directeur
d'un établissement qui ne serait ni action-
naire, ni inventeur serait simplement un
employé supérieur, avec plus ou moins de
responsabilité.

Au bout de l'année, avons-nous dit, on
fait un inventaire, et l'on établit la balance
des recettes et des dépenses. Nous voulions
mettre des chiffres, mais lesquels? La grandeur des ateliers, le prix et l'usure des
machines, la valeur des matières premières,
le nombre des ouvriers, les frais généraux
diffèrent d'une usine à l'autre; à titre
d'exemple, copions, dans un compte rendu,
les chiffres d'un établissement prospère,
mais où ne figure aucun inventeur.

Recette brute (produit des marchandises
vendues).................................... 730 000 fr.

DÉPENSES

Frais généraux, traitement des employés, usure des instruments, amortissement......	90 000 fr.	
Matières premières.....	200 000	
Salaires	350 000	
Total	640 000 fr.	640 000 fr.
Reste, recette nette.,..........		90 000 fr.
Dont : Intérêts.........	40 000 fr.	
Dividendes.....	30 000	
Réserves.......	20 000	
Total égal...	90 000 fr.	90 000 fr.

640,000 et 90 000 font 730 000 francs.

On le voit, et il n'y a pas d'exception à cela, la part des ouvriers est beaucoup plus grande que celle du capitaliste et de l'entrepreneur réunis. Dans l'affaire que nous analysons, les ouvriers obtiennent environ 48 pour 100 des recettes quand l'entrepreneur et les capitalistes réunis n'en tirent que 9 1/2, et cela dans une affaire prospère. Si les choses allaient mal, les ouvriers seraient toujours payés, mais les patrons pourraient bien perdre leur revenu, si ce n'est leur capital.

Prenons un exemple plus simple : un fabricant, ayant des fonds à lui, apprend que les couteaux de table sont très demandés à Canton et qu'on y paie la douzaine 10 francs. Il fait faire 10 000 douzaines de couteaux conformes à la description, chaque douzaine lui revenant à 5 francs à Paris, et les envoie à Canton. S'il peut les vendre 10 francs là-bas, il fait une brillante affaire, mais si le marché s'est trouvé encombré, il est peut-être obligé de se défaire de ses couteaux à 4 francs la douzaine et de subir ainsi une perte sensible. Son bénéfice est uniquement le résultat du succès.

Il est très possible qu'on remue un million, comme dans l'un des exemples pré-cités, qu'on fasse 640 000 francs de dépenses — et qu'il n'y ait que 650 000 francs de recettes; alors les bénéfices seraient bien minimes. Il se peut même qu'il n'y ait eu que 5 à 600 000 francs de rentrés contre une dépense de 640 000 francs; alors il y aurait perte sèche, l'entrepreneur et le capitaliste auraient travaillé et risqué pour rien; seuls les ouvriers auraient touché leurs 350 000 francs de salaire. L'entrepreneur prend ce qui reste après avoir payé les matières premières, les ouvriers, les salaires, les impôts, etc., et ce qui reste, il l'a bien gagné, parce qu'il a couru tous les risques. Ne serait-il pas injuste de vouloir lui retrancher une partie de ses bénéfices?

Les socialistes raisonnables ou modérés ont reconnu que l'entrepreneur exerçait une fonction sociale; il s'occupe de pourvoir aux besoins des consommateurs, à mettre le travail en train, à entretenir des rapports avec les pays étrangers, et tout cela aux conditions les plus avantageuses pour la Société;... c'est son intérêt, soit, mais c'est aussi l'intérêt des ouvriers; est-il sage de décourager les « employeurs »? Méfiez-vous de ceux qui vous le conseilleraient.

L'État ou, comme disent certains utopistes, une délégation sociale ne pourra jamais remplacer l'entrepreneur. D'abord, parce que l'État, ou la délégation, chargera un comité du soin de l'approvisionnement, c'est-à-dire de la production et de la distribution. Ces mots renferment, pour un grand pays, une infinité de domaines immenses, chaque domaine dépassant la portée de vue d'un seul homme. Or, les membres du comité central de production et de distribution [1] diviseront ces domaines entre eux, chacun en prendrait un certain nombre et accomplirait sa difficile besogne comme il pourrait. Il y aurait tant de bévues — et chaque bévue, multipliée par le nombre d'hommes atteints, prendrait les dimensions d'une calamité — que l'organisation socialiste (ou communiste) ne durerait pas une semaine.... Des milliers et des milliers de socialistes ne savent pas à quoi ils s'engagent aveuglément. Quelle imprévoyance!

Sous le régime de l'entreprise privée, chacun de ces domaines (branche de production ou branche de distribution) se subdivise entre des milliers d'entrepreneurs, chacun n'en cultivant que ce qu'il

---

1. La distribution se fait par la vente ou l'échange et, du moins sous le régime socialiste, se séparerait difficilement de la production.

peut, mais en y mettant toute son âme, son intelligence, ses soins, ses veilles. Il s'agit pour lui, comme disait Hamlet, *d'être ou de ne pas être*, de faire fortune ou de se ruiner. C'est seulement avec le concours de ce nombre considérable d'entrepreneurs que la Société est à peu près abondamment, peut-être seulement suffisamment, pourvue. La Société y gagne plus que l'entrepreneur, car si elle est toujours pourvue, plus d'un entrepreneur (ou patron) s'y ruine. (Quand on veut approvisionner des millions d'hommes, on n'y parvient à peu près que s'il y a surabondance. Il y a tant de coulage et de déchet!)

Nous avons déjà dit que l'État ne peut pas faire le commerce extérieur; il ne s'agit pas seulement d'acheter des matières brutes ou fabriquées, mais encore et surtout de vendre nos produits, c'est un point sur lequel il est superflu d'insister; mais ce qu'il faut surtout faire ressortir, c'est que l'État ne ferait pas, comme l'ensemble des entrepreneurs privés, s'accroître la richesse du pays. L'État n'a pas le don de l'épargne, et il n'est pas dans la nature des citoyens de se priver au profit de l'État, tout le contraire; mais des millions de particuliers se privent dans le présent pour en jouir dans l'avenir, ou dans l'intérêt de leurs enfants. C'est grâce à eux que les capitaux (les moyens de production) se multiplient dans le pays et permettent à la population de s'accroître et de prospérer.

CHAPITRE XVIII

Lorsqu'il y avait encore peu d'hommes sur la terre, ils vivaient de la chasse ou de la pêche, tous les hommes d'une tribu avaient la même profession. Cependant, on peut supposer que les femmes ne chassaient pas ni ne pêchaient mais s'occupaient du ménage, de leurs enfants et de besognes pareilles. Le travail était donc divisé dès l'origine. Plus tard, lorsque les hommes se multiplièrent, ils apprirent à élever du bétail, à cultiver la terre; ils découvrirent les métaux, inventèrent les instruments, et apprécièrent l'utilité du savoir. Il se forma

des peuples, des nations, il y eut des agglo-
mérations d'hommes, on bâtit des villes dont
les habitants formèrent une société civilisée.
Cela se fit on ne sait trop comment; personne ne s'est donné alors la peine de noter
les événements au fur et à mesure qu'ils se
passaient. Savait-on déjà écrire, seulement?
Puis chacun de ces événements se présentait comme de toutes petites améliorations,
ou comme des choses sans importance; on
les remarquait à peine, chacune d'elles valait
un grain de sable, mais en s'accumulant les
grains de sable deviennent une montagne.

C'est ainsi que les premiers et lents progrès de l'humanité aboutirent à la société
civilisée, il y a des milliers d'années de cela,
personne n'en sait le nombre exact. Quand
on s'aperçut que les hommes formaient une
Société, on constata, entre autres choses,
que les occupations dés individus étaient
très variées, et que chacun avait sa profession, à laquelle il restait généralement
fidèle. Les uns cultivaient le sol, d'autres
allaient chercher le minerai dans les pro-

fondeurs de la terre, d'autres encore étaient
forgeron ou maçon, tailleur ou menuisier,
professeur ou médecin, marin ou charretier,... ou appartenaient à une des mille et
une professions que l'on voit autour de
soi! C'est ce qu'on a appelé plus tard la
division du travail (la spécialisation des
occupations ou professions).

La raison en était trop claire pour qu'on
ne la vît pas tout de suite. Il y a d'abord la
différence des goûts. L'un aime se remuer,
se déplacer, l'autre préfère rester tranquille;
il est des travaux qui exigent de la force,
d'autres demandent de l'adresse, de l'agi-
lité, il y a donc des occupations pour tous
les goûts, choisissez. Il est vrai que le
choix n'est pas toujours libre, car l'un naît
fort et l'autre faible, l'un est très intelligent
et l'autre ne l'est guère. Ce n'est pas tout.
Faites-vous donc pêcheur où il n'y a pas
d'eau poissonneuse, ou mineur s'il n'y
pas de mine! Cela prouve que certaines
professions dépendent des circonstances
extérieures. Quelquefois aussi des usages,

des modes : ferait-on des chapeaux, si personne n'en portait?

Une fois qu'on avait commencé ainsi à diviser le travail, presque sans y faire beaucoup attention, peut-être en se laissant aller (les hommes aiment tant se laisser aller, pour éviter la peine de réfléchir!), on découvrit bientôt que la spécialisation du travail rendait l'homme plus adroit dans son métier : il produisait plus vite et mieux. Avec un homme exercé, personne ne peut concourir, surtout quand le travail est délicat et difficile. C'est surtout pour le savoir, pour le travail intellectuel que la spécialisation se montra utile, nécessaire même. C'est qu'il y a tant de choses à connaître : l'histoire naturelle (animaux, plantes, minéraux), la chimie, la physique, la mécanique et tant d'autres sciences que vous pourriez ajouter, sans qu'on ait besoin de vous les rappeler. Et quand on connut les nombreux bienfaits de la division du travail, on se mit à la perfectionner : ce qu'on avait fait d'instinct d'abord, on l'organisa avec réflexion, et l'on alla bien loin dans cette voie.

Tout cela est fort remarquable, mais ce qui l'est bien davantage, c'est ceci : chaque homme a beaucoup de besoins, il ne s'occupe, dans la division du travail, que d'en satisfaire un seul, il ne fait, par exemple, que des souliers, ou des casquettes, ou des brosses, et les choses s'arrangent de manière que le produit de l'un s'échange contre de petites parties des produits d'un grand nombre d'autres producteurs et qu'en fin de compte tous les besoins soient satisfaits ou susceptibles de trouver satisfaction. Disons susceptibles, car nous savons bien que cela n'a pas toujours lieu, tantôt par la faute de l'un, tantôt par la faute de l'autre [1], tantôt encore par la faute des circonstances; nous en causerons une autre fois plus au long. Aujourd'hui nous ne voulons qu'attirer l'attention sur un miracle

---

1. Au moment où j'écris ces lignes, on m'apporte un télégramme; mon adresse y est, mais un autre nom, naturellement je ne l'accepte pas; ce télégramme n'arrivera peut-être jamais à son destinataire. A qui la faute?

qui s'accomplit tous les jours et qui passe inaperçu pour bien des gens.

Ce miracle, c'est que vous, qui que vous soyez, vous utilisez tous les jours le travail de 10 000, peut-être 50 000, voire de 100 000 individus. Vous haussez les épaules : A d'autres! dites-vous. Avec mes 4 ou 5 francs de salaire! — Nous répondons : Avec vos 4 ou 5 francs de salaire, — C'est là précisément le miracle. Vous vous levez le matin et vous habillez. Combien d'ouvriers ont été occupés pour que ces vêtements puissent arriver entre vos mains, vous le calculerez vous-même, si vous voulez, le temps ne me le permet pas; je me bornerai, à titre d'exemple, à montrer comment on doit s'y prendre pour évaluer le nombre de personnes mises en mouvement pour que vous puissiez prendre votre café le matin. Le café, qu'il vienne du Brésil, ou de Java ou d'autres lieux, est importé par mer. Il fallait des hommes pour cultiver l'arbre à café, pour faire la récolte et le reste jusqu'à l'embarquement. Mais le navire, détaillons-le : il se compose de bois, de fer, de cuivre, de verre, de chanvre, pour ne citer que les choses essentielles. Le bois vient peut-être de Norvège, le fer d'Angleterre, le cuivre du Chili, le verre de France, le chanvre de Russie. Et si c'est un bateau à vapeur? Il faut se demander aussi qui a fait les outils et instruments nécessaires pour construire tous les navires qui sont allés chercher les matières premières employées pour faire le bateau qui a apporté le café que vous allez prendre. Il faut ensuite faire une évaluation analogue pour le sucre que vous mettez dans votre tasse ;... et la tasse d'où vient-elle? Et les autres ustensiles? Et le pain, le beurre et le reste. Le pain, c'est vite dit : qu'a-t-il fallu de choses au boulanger, puis au charretier qui lui a apporté la farine, et au meunier, et au cultivateur[1]? Arrêtons-nous, car si nous voulions tout compter, nous dépasserions le million d'hommes!

1. Voir p. 59 et suiv.

Tout cela est tellement merveilleux, que si un mathématicien voulait se donner la peine de faire des calculs exacts, il trouverait peut-être que vous avez utilisé, en prenant votre café — entre beaucoup d'autres parcelles de temps — un millionième de seconde de travail qui s'est accompli, il y a dix ans, au Chili, par le nommé X....

Quand les choses sont si compliquées, des difficultés surgissent assez fréquemment; plus une machine est délicate, plus elle a une tendance à se détraquer. Il est donc nécessaire d'y veiller. Les choses dont nous parlons ne vont d'ailleurs pas toutes seules. Le but à atteindre est de faire concorder, autant que possible, la production et la consommation. Il importe qu'il se produise toujours assez de pain, assez de vêtements, assez d'autres objets, pour que chacun puisse se procurer l'indispensable, et même l'utile et l'agréable, au moins dans une certaine mesure.

A qui incombe le soin de veiller à l'abondance de la production? J'ai déjà eu l'occasion de l'indiquer, c'est à l'entrepreneur, ou plutôt à l'ensemble des entrepreneurs, industriels et commerçants. C'est à eux à s'informer des besoins variés des hommes — chacun dans sa partie — et à travailler à leur satisfaction, en parant à toutes les difficultés. Mettons que la récolte de blé manque dans un pays, ce sera aux marchands de grains d'en faire venir des pays les plus favorisés. Quand dans un pays on construit des chemins de fer, on a besoin de rails. Les usiniers en prennent bonne note et s'empressent de faire des offres. De même pour toutes les fabrications et pour tous les commerces. C'est leur intérêt, si vous le voulez, ce sera pour eux l'occasion de faire des bénéfices, sans doute; mais la Société n'a pas à se plaindre qu'un grand nombre d'hommes soient intéressés à son bien-être. Puisque l'intérêt est un agent infatigable et ingénieux, n'est-il pas heureux qu'il ne puisse se satisfaire complètement qu'en rendant service à son prochain? Il s'évertue donc à réunir des ouvriers et à leur procurer un travail constant, et en les occupant, ce qui leur permet de gagner leur vie, il fait produire de quoi satisfaire des besoins et prévenir des souffrances.

Celui qui est à la tête d'une entreprise un peu grande ne travaille guère de ses mains. Sans doute, il ne peut pas écrire de lettre sans faire usage de ses mains, mais la main joue ici un rôle très secondaire; c'est l'intelligence, en réalité, qui travaille. Sans les bras des ouvriers occupés dans la fabrique, il n'en sortirait pas un seul produit, mais sans l'intelligence du fabricant on ne saurait combien il faut produire et à qui on pourra vendre. S'il n'a pas bien combiné son affaire, il se ruine. L'insuccès de tant de Sociétés coopératives de production doit être attribué à ce fait, que les associés n'ont pas assez tenu à mettre à leur tête des hommes distingués par leur intelligence, en les dispensant au besoin du travail manuel.

Le travail de tête ou le travail intellectuel n'est cependant pas moins important que

le travail manuel. C'est un travail intellectuel qui a fait découvrir la machine à vapeur
et le télégraphe, la photographie, le gaz,
l'aniline, sans parler des autres inventions.
Ce n'est pas du travail manuel que de
diriger un navire en pleine mer, ou une
armée en ligne contre un puissant ennemi;
guérir des malades, enseigner à ceux qui
demandent l'instruction, défendre l'innocent,
juger des procès, faire des lois ou veiller à
leur mise à exécution, ce ne sont pas là des
travaux manuels, mais ce sont des travaux
qui font honneur à l'humanité et qu'on n'a
jamais mis au dernier rang.

On nous demandera ce que nous pensons
des oisifs? La réponse est très facile : L'oi-
siveté est un vice. Seulement, il ne faut
pas se hâter de condamner un homme
comme oisif, parce qu'on ne le voit pas
travailler de ses mains, ou parce qu'il n'a
pas une profession classée, comme le médecin, le juge, le professeur; il peut néanmoins s'occuper très utilement pour l'humanité. Nous en connaissons des exemples

assez nombreux. Nous ne pouvons pas non plus compter parmi les oisifs les infirmes, les vieillards, en un mot ceux qui ne peuvent pas travailler.

Il y a cependant, et c'est très regrettable, des oisifs, des gens qui ne font rien d'utile. On aurait grandement tort de les chercher uniquement parmi les classes riches; les oisifs pauvres sont au moins aussi nombreux. Les mendiants valides, donc, est-ce que ce ne sont pas des oisifs? Les vagabonds ne sont pas toujours des mendiants, ils ne mendient qu'à l'occasion, et dans d'autres moments ils font des métiers qui ne valent guère mieux. Il y a aussi des hommes qui ont appris un métier, mais qui l'exercent très irrégulièrement, quand ils ne peuvent plus vivre aux dépens de leurs camarades, ce sont là de vrais « fainéants ».

On trouve donc des oisifs dans toutes les classes de la société; c'est un défaut d'éducation dont il est possible de se guérir quoique les mauvaises habitudes soient assez persistantes. Mais avec une ferme volonté on vient à bout de tout. Les lois ne peuvent pas grand'chose en ces matières, le socialisme n'y peut rien du tout, sous son régime la paresse changerait de masque, mais non de nature. C'est la Société, c'est-à-dire l'opinion publique, qui doit se prononcer, c'est la plus puissante de toutes les puissances de ce monde. Un de mes amis a refusé sa fille à un jeune homme qui n'avait pas de profession. Bravo! — Le jeune homme qui aimait la jeune fille a cherché une occupation sérieuse, et en a été récompensé. Les ouvriers, de leur côté, ne devraient prêter l'oreille qu'à des gens occupés toute la journée et gagnant leur vie, non en remuant la langue, mais en remuant les bras; ils s'en trouveraient bien. Qu'ils se méfient un peu de ceux qui font un peu longtemps profession d'être des « ouvriers sans travail ».

CHAPITRE XIX

Les socialistes ne veulent pas entendre parler de salaires, ils ont inventé le mot *salariat* et en parlent avec mépris. Il paraît qu'il y a des « bourgeois » qui les singent et affectent du dédain pour le salariat. C'est une mode, comme la crinoline ou les manches à gigot, mais cette mode commence à vieillir. Elle est d'ailleurs toute aussi ridicule. Il y a plus de trente ans, j'avais dans un ministère une place de 500 francs par mois et en même temps j'étais lié avec un journaliste de talent qui gagnait, en moyenne, 1 000 francs par mois. Il s'élevait parfois, dans ses articles, contre le salariat, mais un jour, dans une causerie intime, il s'oublia jusqu'à me dire : Si je pouvais échanger mes 1 000 francs aléatoires contre vos 500 francs fixes, j'accepterais des deux mains. Ledit journaliste est mort il y a dix ans, après avoir été député et sous-secrétaire d'État ; nos relations ont duré bien des années, mais je n'ai presque jamais su quand il disait sa pensée vraie... ou quand il arrondissait des phrases à effet. Le savait-il toujours lui-même ?

De même qu'il y a des actionnaires et des obligataires, les uns courant des chances, les autres préférant un revenu fixe et certain, de même il y a des gens disposés à entreprendre, même en petit, en se privant, s'échinant, s'exténuant, courant des risques, et d'autres qui ne voudraient pas se charger du souci du lendemain. Chaque méthode, chaque procédé a ses avantages et ses inconvénients, c'est à choisir quand on peut, mais il n'y a rien de parfait sous le soleil.

Regardons-y de plus près. Est-ce que le système socialiste supprime les salaires ?

Mais pas du tout; il les aggrave au contraire, tout en leur enlevant une compensation de premier ordre. Sous le régime actuel, c'est tant par heure, ou tant par pièce [1], et le plus souvent il y a un « sursalaire » pour le plus habile, une prime pour le plus soigneux. Et si quelqu'un veut se donner un peu plus de mal, par exemple parce qu'il a plus de besoins (mettons beaucoup d'enfants à élever) ou même parce qu'il veut avoir plus de jouissances (matérielles ou morales), il aura souvent la possibilité de se satisfaire sur ce point. Sous le régime socialiste, on travaillera à tant par heure, c'est du salaire, cela, et du salaire bien caractérisé. Le seul profit qu'on aura de son habileté, c'est d'achever sa tâche d'une heure en 55, 50 ou 45 minutes au lieu de 60. Si votre produit est plus beau, plus solide, vous n'êtes pas mieux payé qu'un autre. On n'a d'ailleurs aucun intérêt à se distin-

---

1. Le travail à la pièce n'est pas du salariat, mais de la petite entreprise, et pourtant cette combinaison est mal vue par les adversaires du *salariat!*

guer, car on ne pourra rien mettre de côté, comme on le fait fréquemment de nos jours : le gouvernement socialiste ne le permettrait pas, ou il s'arrangera pour que le travailleur économe n'en profite pas. Ce serait donc le « salariat » sans compensation, le salariat à perpétuité, le salariat avec l'inscription qui, selon le Dante, se lit sur les portes de l'enfer [1] :

Laisse derrière toi tout espoir de t'élever au-dessus de ta position.

Oui, voilà ce qu'offrirait le socialisme, s'il pouvait s'établir. Il aurait contre lui d'abord les plus capables et les plus vigoureux, les plus entreprenants, les plus raisonnables, et bientôt tout le monde. Ce qui est contre la nature des choses ne peut pas durer.

Certains socialistes semblent croire qu'ils peuvent braver la nature des choses et

---

1. Le Dante a écrit en italien (*Lasciate...*, etc.), mais comme l'enfer reçoit des gens de tous les pays, je suppose que chacun lit l'inscription dans sa langue ; je me suis donc permis de la traduire librement en français.

qu'ils n'ont pas besoin d'agencer les causes
pour obtenir les effets. Nous avons vu qu'ils
prétendent payer une heure de travail à un
taux fixe, sans tenir compte de la qualité du
travail. Et pourtant ils parlent de réduire la
journée, d'abord à huit heures et ensuite à
moins, quatre heures, trois heures, deux
heures, cela dépend de l'imagination de
l'auteur. Si l'on réduit le nombre des
heures, on ne veut pas en tirer la conséquence raisonnable : qu'il faut diminuer
les salaires en proportion. Non, on prétend
les augmenter encore. On peut écrire sur
le papier ce que l'on veut, mais réaliser
une utopie, c'est tout autre chose. On sait
que les utopies ne se réalisent pas. Or, le
patron ne peut pas donner pour une heure
de travail plus que l'heure ne lui rapporte.

Tous les jours, et dans toutes les professions, les ouvriers ont l'occasion de constater que le salaire est proportionnel au
résultat du travail — il l'est souvent très
exactement, d'autres fois par à peu près, —

mais il est évident que le patron ne peut pas donner à l'ouvrier plus qu'il ne reçoit lui-même du consommateur. On ne peut pas produire en huit heures autant qu'en dix. Et si l'on disait : Le patron n'a qu'à élever de 25 pour 100 le prix des produits, on aurait le droit de demander : Le consommateur consentirait-il à payer autant? Ses moyens le lui permettraient-ils? On rappellerait à cette occasion que l'ouvrier aussi est consommateur, et qu'il ne gagnerait rien à voir monter ses salaires, si le prix de tous les objets montait en même temps.

D'autres raisonnements socialistes sont tout aussi... singuliers. Voyez cette manifestation du 1ᵉʳ mai : quel rapport y a-t-il entre le chômage de ce jour, la promenade dans les rues qui se termine par un banquet au cabaret, avec la journée de huit heures? Est-ce qu'en faisant des dépenses inutiles — et si mal placées! — les ouvriers prétendent prouver qu'ils ne gagnent pas assez? Ce serait une jolie preuve! Comment s'appelle la maison où on l'a inventée? —

Peut-être Charenton. — Veulent-ils seulement montrer que leurs chefs ou meneurs ont une grande influence sur eux et peuvent les induire à faire des folies? Je ne vois pas trop qu'il soit si méritoire de jouer aux moutons de Panurge qui, si l'on m'a dit la vérité, suivent toujours ceux qui sont devant eux, même à travers les haies où ils laissent leur laine. Et le premier? Était-ce vraiment un mouton... ou un loup qui s'était affublé de la peau d'une de ces bonnes bêtes?

En résumé, si tout n'est pas pour le mieux dans le monde actuel, ce qu'on nous offre pour le remplacer est encore pire, et entre deux maux l'humanité a toujours choisi le moindre.

CHAPITRE XX

LA MONNAIE

Les socialistes voudraient supprimer la monnaie, et on peut se demander ce qui leur a inspiré cette idée. La monnaie, ou plutôt un intermédiaire quelconque des échanges, a existé dès qu'il y a eu des échanges, car le simple troc ne suffit pas. En effet, la surabondance de l'un et la disette de l'autre ne sont pas toujours faits pour se compenser. Pierre a trop de moutons, mais il ne veut ni des poissons de Paul, ni des fruits de Jacques. La manière de se tirer d'embarras a varié selon les pays et selon les époques, mais dès qu'on eut songé aux métaux précieux, tous les autres intermédiaires des échanges leur ont cédé la place. On imagina ensuite de subdiviser les lingots, de leur donner un poids et un titre déterminés et de les marquer au sceau de l'État. La monnaie est l'intermédiaire par excellence, l'intermédiaire idéal.

Nous n'avons pas à raconter ici l'histoire de la monnaie métallique; tout le monde sait d'ailleurs que la fabrication de cet instrument des échanges s'est perfectionnée lentement et qu'elle est finalement devenue presque parfaite. Il est maintenant très difficile de faire de la fausse monnaie, et si quelqu'un ose en faire, la fraude ne tarde pas à être découverte et, comme de juste, sévèrement punie.

La fraude? En quoi consiste-t-elle, principalement? Est-ce dans les contours de l'effigie, dans la légende, dans une marque extérieure quelconque? La forme n'est pas sans importance, les lois s'en sont occupées, mais ce qui domine tout, c'est la néces-

sité d'empêcher qu'on n'offre pas un métal
apparent pour un métal réel, et surtout
que le métal réel ait son poids et son titre,
c'est-à-dire l'alliage prévu, par exemple 9
de métal fin et 1 de métal ordinaire, c'est
ce mélange (et spécialement le métal ordinaire) qui constitue l'alliage.

C'est, en définitive, une quantité déterminée du métal précieux qui est l'intermédiaire des échanges, les empreintes que le
monnayage (« la frappe ») donne à la ron-
delle (au petit lingot) n'ont d'autre but que
d'en certifier le poids et le titre. Chez les
banquiers et dans le grand commerce, surtout international, on ne compte pas les
pièces, on les pèse. Car, encore une fois,
c'est le métal qui est l'intermédiaire. S'il
plaisait à un État d'employer un alliage
trop fort, un métal inférieur, l'empreinte
n'y ferait rien, tout le monde refuserait
cette monnaie. L'État ne peut pas plus faire
de la fausse monnaie qu'un particulier. —
On dira : mais il émet de la monnaie de
cuivre, du billon et autres monnaies d'une

valeur inférieure. — Sans doute, mais il le fait ouvertement, après discussion publique, personne n'est trompé. De plus la quantité de cette monnaie divisionnaire est strictement limitée aux nécessités des petits échanges; en les émettant, le gouvernement s'adresse à la confiance du public, et ces monnaies ne circulent à leur valeur conventionnelle que si l'on n'abuse pas des émissions.

Il résulte de ce qui précède, que l'intermédiaire des échanges a une valeur qui lui est propre; c'est en outre *une marchandise désirée*, que tout le monde accepte, qui se conserve indéfiniment et se subdivise presque à volonté. En est-il de même de l'intermédiaire des échanges imaginé par les socialistes et consistant en bons de travail? Quand vous vendez un objet contre de l'or, vous n'avez pas besoin d'avoir confiance, vous palpez le métal, vous servant au besoin de la balance ou de la pierre de touche, et vous êtes tranquille. Un bulletin de papier, le « bon du travail » offre-t-il les mêmes garanties? Quand il suffit d'apposer un timbre sur un morceau de papier, la fraude est bien tentante. Combien n'a-t-on pas fabriqué de milliards en assignats et en papiers-monnaies d'autres pays! Et ce qu'on a fait une fois, on peut toujours le recommencer, aucune impossibilité ne s'y oppose; les arguments pour se servir de cette ressource ne manquent jamais à celui qui a intérêt à en trouver.

Si le système des bons de travail, préconisé par les socialistes, devait être appliqué dans une île écartée, habitée par un millier de familles et sans communications avec le reste du monde, on pourrait en essayer, ou du moins le discuter; mais dans un grand pays avec des villes comme Paris, Londres, Berlin, dans un pays en rapport avec de puissants et riches voisins, ce système prend un air de puérilité qui vous empêche de le combattre trop longuement et trop sérieusement. Vaut-il bien la peine de s'y arrêter?

Salarié avec du papier ou avec de l'or, on n'en est pas moins salarié; pourquoi alors innover? La réponse est facile, les initiateurs du socialisme voudraient empêcher qu'on se mît à épargner — les métaux s'y prêtent admirablement, — car les épargnes procurent une indépendance que les meneurs ne peuvent pas souffrir. D'ailleurs un magot est une petite fortune, une petite propriété, ce serait contraire aux principes qu'on juge à propos de préconiser.

Le maintien de la monnaie serait en outre un obstacle de plus à vaincre pour passer du régime actuel dans le régime socialiste, puisque l'argent est inégalement réparti, les uns en ont, les autres n'en ont pas. Ceux qui n'en ont pas, comment se procureront-ils, du moins dans les premiers temps, les objets qu'il leur faut pour leur consommation?

Le fin mot de toute cette combinaison est ceci : on espère aboutir au communisme. Cela a été plusieurs fois déclaré, et encore récemment (1891) dans une revue socialiste allemande. Le collectivisme n'est qu'un stage préparatoire. Sous le régime communiste, il n'y a pas d'échange, partant pas de monnaies; les bons de travail eux-mêmes sont superflus. On va ensemble au travail, on emmagasine les produits dans des greniers et caves communes, chaque jour les aliments sont distribués proportionnellement au nombre de bouches, et quand on sera repu, on rêvera, dansera, on médira du prochain,... tant qu'on ne sera pas obligé de s'entre-dévorer faute d'arbres à pain. On l'a vu dans certaines îles du Pacifique.

CHAPITRE XXI

LE CRÉDIT

Le crédit est le moyen de procurer des
capitaux à ceux qui en manquent; il rend
donc de très sérieux, de très importants
services. Il ne crée pas ces capitaux, car
jamais l'homme ne peut rien faire sortir du
néant, mais il facilite leur passage des mains
qui ne savent, ne peuvent ou ne veulent pas
les faire valoir en des mains préparées pour
s'en servir fructueusement, et ne deman-
dant pas mieux que de les mettre en œuvre.
Mais comment a lieu ce passage? Voilà en
effet la difficulté à résoudre.

On s'est donné beaucoup de peine pour

trouver une solution générale, c'est-à-dire pour inventer un moyen efficace d'en procurer à tous ceux qui en demandent. Ceux qui méritent d'avoir du crédit, ou ceux qui peuvent offrir des gages, n'ont généralement pas trop de peine à en trouver, mais ceux qui ne le méritent pas?... On peut vraiment se demander ce que l'humanité y gagnerait à leur en procurer; plus d'un est d'avis qu'elle y perdrait. Cette solution générale, presque tous les ans des voix la demandent à tous les échos — à cor et à cri, — mais comme il ne peut y avoir de solution générale, on n'obtient pas de réponse,... si ce n'est un bruit confus, inintelligible et inapplicable. Voyons donc les principales solutions partielles connues.

Le crédit le plus simple est peut-être le résultat de la confiance — mais ce n'est pas le seul. Un capitaliste suit en ce cas son sentiment plus ou moins bien raisonné; il est convaincu que l'individu favorisé est capable, honnête, laborieux, etc. On a souvent accordé des crédits par suite d'un sentiment non raisonné, qui devient parfois un sentiment irréfléchi. Dans les affaires commerciales, où l'on confie au crédité plutôt des marchandises que des espèces monnayées, le crédit s'accorde plus facilement que dans les affaires de banque.

Le genre de crédit qui vient d'être indiqué est celui qu'on appelle le *crédit personnel*. On lui oppose le *crédit sur nantissement* (ou sur gage), soit que l'objet se compose de valeurs mobilières (lingots d'or, bijoux, effets publics), soit que le gage consiste en un immeuble. Dans ce dernier cas, on se sert de l'expression : *crédit foncier*. Ici, nous le répétons, la confiance joue un rôle bien effacé, elle est souvent tout à fait absente de la transaction, qui peut néanmoins rendre les services qu'on lui demande. Le crédit n'est un bienfait — public ou privé — que si celui qui l'obtient en fait un bon emploi. Sinon, c'est un capital détruit. Quand on prête de l'argent à un prodigue, même sur hypothèque (gage), on détruit le capital représenté par cet argent, mais comme le prêteur retient l'hypothèque, c'est l'emprunteur prodigue qui le perd, comme de raison.

Il y a, dans les affaires, des cas mixtes. Par exemple on dépose des fonds dans un établissement de banque, on sait que cet établissement possède une fortune considérable, ce qui est une sérieuse garantie; cela n'empêche pas qu'il y ait, dans le dépôt que vous faites, encore un fort élément de confiance, car vous ne connaissez pas toujours le dessous des cartes. Les grands et solides établissements peuvent également faire des fautes, se tromper ou se laisser égarer, on en connaît des exemples. C'est l'expérience, les connaissances acquises dans la pratique des affaires qui doivent guider le capitaliste; mais il y a une chose qui devrait d'un coup éteindre toute confiance chez le possesseur de quelques épargnes, c'est l'offre d'un taux exorbitant d'intérêts. Dès qu'on vous en offre *beaucoup* plus que la moyenne, refusez net, on vous trompe sciemment; offre-t-on *un peu* plus, soyez très méfiant, il est possible qu'on soit de bonne foi, on se trompe probablement soi-même, mais une erreur commise de bonne foi n'en est pas moins une erreur et produit ses conséquences fâcheuses.

Une des choses qui déplaisent le plus — aux personnes qui ne méritent pas de crédit encore plus qu'à celles qui en sont dignes, — c'est qu'il n'est pas gratuit. Personne ne vous prête ses capitaux pour rien, le capitaliste demande des intérêts, ou, selon la forme du prêt, de l'escompte [1]. C'est précisément parce qu'il faut payer le crédit que certains socialistes, et même des publicistes qui ne se sont pas rangés sous ce drapeau, ont voulu charger l'État de distribuer le crédit... gratuitement.

Pour exprimer clairement le jugement à porter sur une proposition pareille, il faut la qualifier de folie à la deuxième puissance. On sait que cela veut dire très énergiquement : une double folie.

---

1. L'escompte est l'intérêt retranché d'avance. C'est comme si l'on disait : ce billet qui, dans un an, sera remboursé par une somme de 100 francs, vaut aujourd'hui 95 francs. Ici l'escompte est de 5 francs.

Faire du crédit signifie : passer ses propres capitaux à d'autres. Mais l'État n'a pas de capitaux. — Il n'a qu'à émettre du papier, répondra-t-on. — Et si le public ne le prend pas? — Réponse des naïfs : on l'y forcera (cours forcé). — Qui cela? — Mais le gouvernement, répliqueront les mêmes gens naïfs. — Vous oubliez, leur dira-t-on, que le gouvernement n'est fort que s'il est soutenu par les citoyens, mais jamais les citoyens ne l'aideront à les dépouiller. Le cours forcé sera peut-être dans la loi, mais non dans les faits, dans la réalité. Si vous en doutez, faites-vous raconter l'histoire des assignats. Ou aussi, passez en revue tous les pays dans lesquels on a émis trop de papier-monnaie : l'Autriche et la Russie, les États-Unis et certains États de l'Amérique du Sud, inutile de les nommer. Quand un pays émet une faible quantité de papier, et que cette émission est justifiée par les circonstances, le public consent à bailler (prêter) une certaine confiance; dès que la mesure des émissions est dépassée, la confiance diminue, chaque nouvelle émission la réduit d'un peu plus. Les menaces n'y font rien, personne ne peut vaincre la nature des choses, les causes produisent toujours leurs effets.

Il vient d'être question de la création, par l'État, de capitaux fictifs, et nous en avons vu les conséquences ; or, s'il les offre pour rien, la folie est double, disions-nous. Voici nos raisons : Si l'État se faisait payer un intérêt pour ces capitaux, il en émettrait beaucoup moins, il ne prêterait pas, d'ailleurs, sans avoir examiné la solvabilité de celui qui demande à emprunter. Ce procédé réduirait énormément le nombre des amateurs, et par conséquent le montant des pertes. Certains faits prouvent que malgré ces précautions l'État aussi peut être trompé ; mais ne le fût-il pas, dès qu'il n'accorde pas du crédit à tout le monde, le but qu'on avait en vue n'est pas atteint ; et cependant si le crédit devenait gratuit, ce serait du gâchis, de l'anarchie même ; cela durerait quelques semaines, et ce serait fini. La calamité serait générale.

La gratuité du crédit a pourtant été soutenue avec acharnement; nous aurons à examiner brièvement les arguments mis en avant; voyons d'abord ce qui justifie le payement des intérêts.

Cette justification est aisée. Le prêteur se prive de son capital et des services qu'il peut en tirer et cette privation lui donne droit à une indemnité. On se gêne quelquefois pour venir en aide à un ami sans rien lui demander en échange, mais cela, c'est un acte d'amitié; dans une affaire, il y a deux intérêts en jeu, satisfaction doit être donnée à l'un et à l'autre, au prêteur comme à l'emprunteur. L'un se prive pour rendre un service, l'autre accepte un service qui lui permet de faire un gain, ce dernier peut donc rétribuer le service qu'on lui rend. Et pourquoi le prêteur se priverait-il gratuitement au profit de l'emprunteur? Pourquoi ce dernier ne serait-il pas pécuniairement reconnaissant du service dont il recueille les fruits? On n'a pas encore donné une seule raison plausible en faveur de la gratuité obligatoire du crédit, on n'a jamais dit pourquoi on prêterait son bien à un voisin, tout en sachant qu'on s'expose à le perdre. Car enfin, la crainte de ne pas être remboursé est la principale raison de refuser un prêt.

Personne n'a soutenu la gratuité du crédit avec plus de talent que Proudhon, et la meilleure preuve que le talent ne peut pas changer une erreur en vérité, c'est que la « banque d'échange » par laquelle ce brillant publiciste a voulu appliquer ses théories et réaliser la gratuité a duré ce que durent les roses ; à peine écloses, elles se fanent et les feuilles s'éparpillent.

Dans la discussion que Proudhon soutint en 1849 contre Bastiat, nous lisons d'abord ceci [1]. Proudhon répond à Bastiat :

« D'un côté, il est très vrai, ainsi que vous l'établissez vous-même péremptoirement, que le prêt est un *service*. Et comme tout service est une *valeur*, conséquemment,

1. La discussion a été reproduite dans les œuvres de l'un et l'autre de ces deux célèbres publicistes; nous citons ici : Bastiat, *Sophismes*, t. II, p. 125 de l'édition Guillaumin, in-12, 1873.

comme il est de nature de tout service d'être rémunéré, il s'ensuit que le prêt doit avoir son *prix*, ou, pour employer le mot technique, il doit *porter intérêt.*

« Mais il est vrai aussi, et cette vérité subsiste à côté de la précédente, que celui qui prête, dans les conditions ordinaires du métier de prêteur, ne se *prive* pas, comme vous le dites, du capital qu'il prête.... » Mais qu'est-ce que cela fait (en supposant que ce soit vrai)? Que le prêteur se prive ou ne se prive pas, il rend service, partant il a droit à rémunération. Selon Proudhon, il faudrait distinguer : un homme qui ne fait pas métier de prêter peut demander des intérêts, celui qui en fait métier, non. Dans la pratique, c'est le contraire qui est le plus fréquent (et qui se justifie le mieux).

Pour ne pas trop allonger cette stérile discussion — qui a perdu tout intérêt, puisqu'elle ne sert plus à remplir les colonnes d'un journal (*la Voix du Peuple*), ni à faire une réclame pour la « Banque d'échange », — nous nous bornerons à dire que, en résumant [1] l'argument de Proudhon en faveur de la gratuité, on arrive à formuler ainsi la théorie de Proudhon : vous empruntez mes services, j'emprunte les vôtres, les hommes ont besoin les uns des autres, donc les services se compensent; c'est *comme* la gratuité, donc *c'est* la gratuité. Proudhon tire souvent de pareilles conséquences, mais rien ne nous oblige à tenir cette logique pour bonne. Pour que vous n'ayez pas besoin de me croire tout à fait sur parole, je reproduis encore un passage (p. 127) :

« Supposons donc que de tout le capital que j'emploie, soit sous la forme d'instrument de travail, soit sous celle de matière première, la moitié me soit prêtée par vous ; supposez en même temps que de tout le capital que vous mettez en œuvre, la moitié vous soit prêtée par moi, il est clair que les intérêts que nous devons nous payer mutuellement se compenseront; et, si de part et d'autre les capitaux avancés sont égaux,

1 P. 127 et suiv.

les intérêts se balançant, le solde ou la redevance sera nul.

« Dans la Société, les choses ne se passent pas tout à fait ainsi, sans doute. Les prestations que se font réciproquement les producteurs sont loin d'être égales ; partant, les intérêts qu'ils ont à se payer ne le sont pas non plus : de là, l'inégalité des conditions et des fortunes.

« Mais la question est de savoir si cet équilibre de la production en capital, travail et talent ; si, par conséquent, l'égalité du revenu pour tous les citoyens, parfaitement admissible en théorie [1], peut se réaliser dans la pratique ; si cette réalisation est dans les tendances de la Société ; si, enfin, et contre toute attente, elle n'est pas la conclusion fatale de la théorie de l'usure elle-même.... »

Des mots et des mots, voilà tout !

---

1. C'est l'opinion de Proudhon ce jour-là, mais ses opinions se suivent et ne se ressemblent pas.

CHAPITRE XXII

Vous connaissez ces colonnes sur lesquelles une inscription vous invite à jeter une pièce de dix centimes dans une fente, en échange de laquelle vous pourrez retirer un bonbon ou un morceau de chocolat? Chacun sait que le poids de cette pièce de monnaie actionne un mécanisme qui dégage le bonbon et lui permet de sortir. Pas de monnaie, pas de bonbon; la monnaie est la cause, le bonbon est l'effet. Pourtant, bien des fois, j'ai vu des personnes, adultes et enfants, faire des efforts pour obtenir l'effet, sans avoir mis en œuvre la cause. On tirait, tirait, mais pas de bonbons! La cause, les dix centimes, n'y était pas.

Tout le monde sait qu'il faut semer pour récolter, mais trop de gens n'y regardent pas de bien près. Ils savent aussi qu'en plantant des pommes de terre on ne récoltera pas des cerises, c'est-à-dire que l'effet ne naîtra pas, si l'on n'emploie pas la vraie cause, et pourtant à chaque instant ils se laissent prendre par des sophistes, par des orateurs qui ne vous montrent pas les choses telles qu'elles sont. Votre savoir vous permet de vous rendre compte des choses, et néanmoins vous gobez tout ce qu'on veut bien vous servir. Vous êtes pourtant trop intelligent pour croire à des choses comme celles-ci :

On peut augmenter le prix de toutes choses, sans que la vie devienne plus chère.

Si votre travail devient moins productif, votre salaire montera tout de même.

Il suffit de demander pour obtenir.

Le patron peut fixer les prix à volonté. (Comme si vous étiez vous-même disposé à donner le prix qu'on vous demande. En avez-vous seulement le moyen [1]?)

---

1. Si l'ouvrier — comme de raison — ne veut pas se soumettre aveuglément aux prix du travail fixés par le patron, pourquoi le consommateur serait-il de meilleure composition?

Si vous dites à l'écho : Je te déteste, il vous répondra : Je t'aime!

En tournant le dos au but on l'atteint tout de même.

On pourrait citer toute une série de ces contre-vérités, tant vantées par l'un ou par l'autre orateur des réunions publiques, ignorant de la vie, si ce n'est dans des vues intéressées. Avec un peu de réflexion, on voit combien leurs assertions sont mal fondées. Mais la raison est trop peu consultée par les hommes, la raison les empêcherait cependant d'être trompés. Ils préfèrent se laisser prendre par une passion, par la haine, par l'amour-propre, par la camaraderie. On peut se demander cependant si c'est montrer de l'amitié pour un camarade que de le confirmer dans ses erreurs, au lieu de l'éclairer; la solidarité ne prescrit pas de s'associer à une bêtise, mais de l'empêcher.

Les ouvriers ne peuvent espérer obtenir des résultats avantageux de leur entente qu'en tenant compte de la nature des choses. Il ne leur sera jamais utile de pousser l'entrepreneur à la faillite. Il ne pourra jamais donner qu'une partie de son gain, et si on lui en demande une trop grosse part et qu'il ne lui reste qu'un bénéfice insuffisant, on le décourage et ce découragement se propage et porte plus loin qu'on ne pense. C'est déjà assez pour un homme d'avoir à lutter contre les mauvaises chances, les erreurs, les accidents, il ne faut pas que ses collaborateurs contribuent à lui rendre la vie dure. Ces excitations d'une classe contre l'autre nuiront sous tous les rapports possibles; elles aboutiront à une crise qui pourrait bien faire périr la poule aux œufs d'or. On sera bien avancé alors!

Ayons donc l'œil ouvert sur les causes et les effets, et demandons-nous le plus souvent possible : *Ceci* peut-il produire *cela*? Est-ce la vraie cause? Est-ce là bien l'effet de ce qu'on m'indique comme la cause?

CHAPITRE XXIII

Même si l'on faisait un gros livre, au
lieu d'un petit volume, on ne pourrait pas
dire toutes les choses utiles à faire connaître. Quand la soif vous tourmente et
qu'on vous offre un verre d'eau fraîche et
pure, on vous réconforte et acquiert des
droits à votre reconnaissance. Seulement,
l'effet de ce délicieux verre d'eau est pas-
sager; pour vous rendre un service durable,
c'est une source intarissable qu'il faudrait
pouvoir mettre à votre disposition. Eh
bien, pour compléter ce qu'il peut y avoir
d'utile dans les pages qui précèdent, je vais
vous indiquer un moyen de trouver par

vous-même les bons conseils dont vous pouvez avoir besoin, et que peut-être personne ne vous donnerait, car on aime mieux dire aux gens des choses agréables que des choses utiles,.... l'utile n'étant pas toujours agréable, loin de là.

Quand vous êtes assis sur un bateau qui descend la rivière, les rives semblent fuir; plus vive est l'impression quand vous passez sous un pont. L'illusion est frappante; quoique vous sachiez parfaitement bien que le bateau marche et que le pont reste à sa place, il faut un effort de votre volonté pour avoir conscience de l'erreur d'optique, pour rentrer dans la réalité. Eh bien, ce qui vous arrive pour le pont, vous le subissez nombre de fois dans le courant de l'année sans vous en apercevoir clairement et sans essayer de réagir. Tout au contraire, comme ces illusions flattent souvent votre amour-propre et vos secrets penchants, vous vous y abandonnez volontiers, trouvant naturel que le pont marche et que vous n'ayez pas à vous déranger pour atteindre le but.

Ce que les illusions causent de mal dans la vie de tous les jours, c'est incroyable; la moitié au moins des maux qui nous accablent viennent de ce que nous n'avons pas su distinguer si c'est le pont qui marche ou si c'est nous qui sommes en mouvement. De là aussi la vieille parabole de la poutre et de la paille.

C'est par cette raison que nous attribuons presque toujours aux autres la cause de nos maux. Cependant si nous sommes malheureux, c'est au moins aussi souvent par notre faute que par celle d'autrui. Si l'on ne s'en s'aperçoit pas, on continue à produire la cause de son mal. Si l'on s'habitue à se dire chaque fois qu'on éprouve un désagrément : ce doit être ma faute, en faisant un examen de conscience sincère, on est sûr d'en éviter un grand nombre et surtout d'aggraver celles qu'on a commises. Quand on entend un écho, on se demande quel bruit l'a évoqué, mais il ne vient à l'idée de personne de considérer ce bruit comme l'effet de l'écho qui l'a suivi. Mais lorsqu'on lance une injure à la face de quelqu'un, et que l'insulté la rend, on oublie trop souvent qu'il a répondu à une provocation, on ne voit plus que les actes de l'autre et point les siens propres. On fait alors aux autres ce qu'on ne voudrait pas qu'ils vous fissent. De là ce mot d'une ironie sanglante : l'animal est méchant, il se défend.

Voyons ce qui se passe tous les jours dans la vie. Un homme gagne 100 francs ou 200 francs par mois et en voit la fin bien avant le 30 du mois. Il serait désirable qu'il pût gagner 500 francs, 1 000 francs ou davantage, mais là n'est pas la question, tant qu'on ne voit pas la possibilité de les obtenir. Et pourtant on préfère pousser de stériles plaintes que de s'arranger pour le mieux avec les revenus qu'on possède. Examinons plutôt l'emploi qui a été fait de ce maigre revenu. Dans la maison que j'ai habitée dans ma jeunesse, le concierge avait le même revenu qu'un petit employé que je connaissais; le 15 du mois, le concierge n'avait plus le sou et tirait le diable par la queue jusqu'au 1ᵉʳ du mois suivant. Il devait de l'argent à tous les locataires et à tous les fournisseurs. Le petit employé joignait les deux bouts de son revenu et de ses dépenses. Il ne faisait pas bombance au commencement du mois, comme le concierge, mais répartissait sagement son argent. Sa femme avait de petites boîtes : la boîte du loyer, la boîte des vêtements et des dépenses diverses, la boîte des quatre semaines, les aliments, le blanchissage, etc. La dépense destinée à chaque semaine était dans un papier séparé, et à part encore se trouvait ce qu'il fallait pour vivre aux jours supplémentaires.

Il n'y avait, certes, rien de trop, ni dans les boîtes, ni dans les paquets ; et pourtant on ne souffrait pas précisément. On n'achetait que du bon marché — et pour cause, — mais les aliments chers ne sont pas nécessairement plus nourrissants que les denrées ordinaires, et si la ménagère n'avait qu'un plat à présenter à son mari, ce plat était fait avec soin, à l'heure précise et plaisait au goût. La position de l'employé s'améliora de plus en plus, parce qu'il faisait ce qu'il fallait pour le mériter. Il n'a jamais cru que c'était le pont qui marchait.

Beaucoup d'ouvriers sont dans la même situation; le revenu est faible. J'en connais qui savent s'arranger, mais j'en ai vu, hélas! plus d'un qui ne l'ont jamais appris. Si un employé ou un ouvrier a eu la chance d'épouser une femme raisonnable, économe, elle le maintient dans la bonne voie; s'il est mal tombé sous ce rapport, les époux gâchent chacun de son côté et l'on est plus malheureux que la position ne le comporte. Est-ce la faute du taux des salaires? — Est-ce le pont qui marche? — On le disait dans le ménage d'Adolphe. Mais ce qu'on ne disait pas, c'est qu'en recevant la paie, on allait d'abord vider une bouteille, on ne s'enivrait pas, il est vrai. En rentrant, on donnait à sa femme tant, et l'on gardait tant dans sa poche. En effet, quand un camarade offrait un canon, la goutte ou un bock, on ne savait pas résister, et en pareil cas on doit rendre la politesse. Et le tabac et tant d'autres dépenses inútiles! La femme non plus ne sait pas toujours bien ce qu'elle doit faire, elle ne sait ni acheter, ni compter, ni économiser et ignore la vraie cause de ses privations. On a créé des cours d'économie domestique, sont-ils suivis?

Si ce n'était pas trop long et trop triste, il serait possible de citer bien des cas où le manque de réflexion, de prévoyance, d'ordre était la cause unique des souffrances, sans que les gens qui souffraient — et qui n'étaient pas autrement méchants — eussent la moindre idée de cette cause. Ils voyaient seulement que leurs salaires ne suffisaient pas pour toutes leurs dépenses, les unes nécessaires, les autres inconsidérées; alors c'était la faute aux salaires, si l'on ne joignait pas les deux bouts. On aurait réellement étonné ces braves gens en leur disant que c'est la faute aux dépenses irréfléchies. C'est le pont qui marche!

C'est parce que le pont marche que les meneurs ont tant d'influence. Ces meneurs ne trouvent jamais que l'ouvrier pourrait être dans son tort (l'ouvrier ne demanderait souvent pas mieux que de se corriger si on le renseignait amicalement), ce n'est pas l'affaire des agitateurs cela; leur rôle consiste à insister sur les causes réelles ou imaginaires du mécontentement et surtout à flatter l'amour-propre de celui qu'ils veulent enrôler. Pour réussir, non seulement on affirme que c'est le pont qui marche, c'est-à-dire que le patron, que la société, que tout le monde a tort, sauf l'ouvrier qu'on veut gagner; on va plus loin, on cherche des arguments, on invente des doctrines pour avoir l'air de prouver que le pont marche réellement et que l'eau *semble* couler; et comme chacun est toujours disposé à penser du bien de soi-même et du mal d'autrui — et surtout du patron, le succès du meneur est grand.

Le socialisme s'est donc constitué en parti politique; si ce parti n'est pas utile aux électeurs, il le sera du moins aux élus. Ce sera encore le pont qui marchera, car toute l'organisation politique et sociale a pour but déclaré, proclamé et même réel, de pourvoir aux intérêts du grand nombre, celui des électeurs, et le grand nombre s'agite pour atteindre le but,... mais c'est le petit nombre des élus qui l'atteint.

C'est qu'on se laisse aller aux illusions. On connaît le proverbe qui nous enseigne que chacun est l'artisan de son sort, mais il est trop pénible de suivre le précepte qui en ressort! Il faudrait travailler, être économe, prévoyant — enfin se donner la peine d'avoir des qualités; — il est plus commode de se tenir tranquille, puisque c'est le pont qui marche.

FIN

TABLE DES MATIÈRES

Coulommiers. — Imp. P. BRODARD.

Coulommiers. — Typ. PAUL BRODARD